제4판

# 사용자중심의 SMART 원가회계

## 수정판 해답집

서강관리회계연구회

Cost Accounting

유원북스

# 차 례

# 제 2 장 원가의 개념 및 분류

## 객관식

**[2-1]** ②

원가회계 정보는 재무제표 작성시 재고자산가액과 매출원가의 결정에 사용된다.

**[2-2]** ③

제품원가와 기간비용은 생산관련성에 따른 원가 분류이다.

**[2-3]** ④

조업도의 변동에 따른 원가행태에 근거하여 변동원가와 고정원가로 분류된다.
통제가능원가와 통제불능원가는 통제가능성에 따른 원가분류이다.

**[2-4]** ④

특정 제품 주재료의 매입운임과 매입수수료 : 직접재료원가
판매사원의 급여 : 판매비와 관리비
특정 생산라인 작업인력의 인건비 : 직접노무원가

**[2-5]** ①

관련범위 내에서 단위당 변동원가는 생산량에 따라 영향을 받지 않으며, 일정하다.

**[2-6]** ④

제품원가(제조간접원가)는 원가배분 계산으로 제품별 수익성과 정확성을 높일 수 있다.

**[2-7]** ①

②는 직접노무원가
③은 판매비와 관리비
④는 직접재료원가

**[2-8]** ①

생산부장의 급여는 노무원가로 제조원가이고, 인사부장의 급여는 판매관리비이다.

**[2-9]** ②

① 조업도의 증감에 따라 비례적으로 증가 또는 감소하는 원가 : 변동원가

③ 조업도가 0(영)인 경우에 일정금액이 발생하고 그 이후에 조업도에 따라 비례적으로 증가하는 원가 : 준변동원가(혼합원가)

**[2-10]** ③

₩30,000 + ₩20,000 = ₩50,000

**[2-11]** ③

제조간접원가 : 공장건물감가상각비 ₩20,000 + 공장수도광열비 ₩12,000
+ 간접노무원가 ₩18,000 + 공장소모품비 ₩7,000 = ₩57,000

가공원가 : 직접노무원가 + 제조간접원가 = ₩30,000 + ₩57,000 = ₩87,000

**[2-12]** ③

감가상각비는 고정원가임.

**[2-13]** ③

기본원가 : 직접재료원가 ₩30,000 + 직접노무원가 ₩10,000 = ₩40,000

가공원가 : 직접노무원가 ₩10,000 + 간접재료원가 ₩50,000
+ 간접노무원가 ₩60,000 + 제조간접원가 ₩40,000 = ₩160,000

**[2-14]** ②

직접노무원가 ₩400,000

**[2-15]** ⑤

기간비용 = 급여 + 소모품비 + 광고비 + 판매수수료
= ₩600,000 + ₩120,000 + ₩90,000 + ₩270,000
= ₩1,080,000

## 주관식

**[2-1]**

1.

| | 재료원가 | 노무원가 | 제조경비 |
|---|---|---|---|
| ① 엔진의 원가 | ₩800,000 | | |
| ② 볼트·페인트의 원가 | 200,000 | | |
| ③ 직집 소비된 노동자임금 | | ₩270,000 | |
| ④ 공장장급료 | | 100,000 | |
| ⑤ 전력료 | | | ₩20,000 |
| ⑥ 수도료 | | | 7,000 |
| ⑦ 기계감가상각비 | | | 9,000 |
| ⑧ 공장전체건물 감가상각비 | | | 13,000 |
| | ₩1,000,000 | ₩370,000 | ₩49,000 |

2.

| | 제조직접원가 | | 제조간접원가 |
|---|---|---|---|
| | 경비행기 | 헬 기 | |
| ① 엔진의 원가 | ₩500,000 | ₩300,000 | |
| ② 볼트·페인트의 원가 | | | ₩200,000 |
| ③ 직접 소비된 노동자임금 | 150,000 | 120,000 | |
| ④ 공장장급료 | | | 100,000 |
| ⑤ 전력료 | | | 20,000 |
| ⑥ 수도료 | | | 7,000 |
| ⑦ 기계감가상각비 | | | 9,000 |
| ⑧ 공장전체건물 감가상각비 | | | 13,000 |
| | ₩650,000 | ₩420,000 | ₩349,000 |

3. 영업사원급료, 영업소장급료, 본사건물의 감가상각비는 항공기제작과 관련이 없는 원가이므로 제조원가에 포함되지 않는다.

**[2-2]**

| | 제품원가 | 기간비용 |
|---|---|---|
| 1. 공장건물의 감가상각비 | ○ | |
| 2. 본사건물의 감가상각비 | | ○ |
| 3. 기계설비 유지보수비용 | ○ | |
| 4. 공장감독자의 급여 | ○ | |
| 5. 작업자 산재보험 | ○ | |
| 6. 사장의 업무용차량 운행비 | | ○ |
| 7. 제품포장재료 | ○ | |
| 8. 기획조정실 직원의 급료 | | ○ |
| 9. 완성품 보관창고의 관리인급료 | | ○ |
| 10. 판매사원의 업무용차량 감가상각비 | | ○ |
| 11. 외주가공비 | ○ | |
| 12. 공정에 투입된 재료의 매입운임 | ○ | |
| 13. 생산직원 야유회비 | ○ | |

**[2-3]**

| | 제조직접원가<br>제조간접원가<br>기간비용 | 변동원가<br>고정원가 |
|---|---|---|
| 1. 책상의 나무(재료) | 제조직접원가 | 변동원가 |
| 2. 공장난방용 석탄 | 제조간접원가 | 변동원가 |
| 3. 영업용차량 감가상각비 | 기간비용 | 고정원가 |
| 4. 제품검사직원 급료 | 제조간접원가 | 고정원가 |
| 5. 공장장 급료 | 제조간접원가 | 고정원가 |
| 6. 생산설비의 재산세 | 제조간접원가 | 고정원가 |
| 7. 생산감독자 급료 | 제조간접원가 | 고정원가 |
| 8. 생산근로자의 임금 | 제조직접원가 | 변동원가 |
| 9. 감사인 수수료 | 기간비용 | 고정원가 |
| 10. 광고선전비 | 기간비용 | 고정원가 |

## [2-4]

가공원가 : 직접노무원가(₩70,000) + 간접재료원가(₩2,000) + 간접노무원가(₩3,000) + 간접경비(₩4,000) = ₩79,000

## [2-5]

1. 단위당 기본원가 : 단위당 직접재료원가 + 단위당 직접노무원가
   = ₩200 + ₩150 = ₩350
2. 단위당 가공원가 : 단위당 직접노무원가 + 단위당 변동제조간접원가
   + 단위당 고정제조간접원가
   = ₩150 + ₩100 + (₩5,000 ÷ 100개) = ₩300

## [2-6]

| 구 분 | 변동원가 | 고정원가 | 합 계 |
|---|---|---|---|
| 직접재료원가 | ₩20,000 | – | ₩20,000 |
| 직접노무원가 | 15,000 | – | 15,000 |
| 간접재료원가 | 5,000 | – | 5,000 |
| 간접노무원가 | 1,800 | ₩4,200 | 6,000 |
| 감가상각비 | – | 4,000 | 4,000 |
| 수도광열비 | 600 | 1,400 | 2,000 |
| 화재보험료 | – | 1,000 | 1,000 |
| 합 계 | ₩42,400 | ₩10,600 | ₩53,000 |

## [2-7]

1. 직접원가 = ₩200,000 + ₩90,000 = ₩290,000
2. 제조간접원가 = ₩150,000 + ₩30,000 + ₩70,000 = ₩250,000
3. 제조원가 = ₩290,000 + ₩250,000 = ₩540,000
4. 총원가 = ₩540,000 + ₩40,000 + ₩20,000 = ₩600,000
5. 판매가격 = ₩600,000 + (₩600,000 × 20%) = ₩720,000

## [2-8]

1. 단위당 기본원가 : ₩200 + ₩150 = ₩350
2. 단위당 변동원가 : ₩200 + ₩150 + ₩250 + ₩100 = ₩700

### [2-9]

직접노무원가를 $x$라 하면,

$(x + ₩45{,}000) \times 20\% = x$

$\therefore\ x = ₩11{,}250$

### [2-10]

1. 기본원가 : ₩750,000 × 80% + ₩800,000 × 65% = ₩1,120,000
2. 직접원가 : ₩750,000 × 80% + ₩800,000 × 65% = ₩1,120,000
3. 가공원가 : ₩800,000 × 65% + ₩750,000 × 20% + ₩800,000 × 35%
   + ₩320,000 + ₩90,000 + ₩170,000 + ₩40,000
   = ₩1,570,000
4. 제품원가 : ₩750,000 × 80% + ₩1,570,000 = ₩2,170,000

### [2-11]

1. 제품의 단위당 제조원가

| | |
|---|---:|
| 직접재료원가 | ₩40,000 |
| 직접노무원가 | 80,000 |
| 변동제조간접원가 | 50,000 |
| 고정제조간접원가 | 100,000 |
| 총제조원가 | ₩270,000 |
| 생산량 | ÷5,000 |
| 단위당 원가 | ₩54 |

2. 생산량이 10,000단위일 때 단위당 제조원가

| | |
|---|---:|
| 직접재료원가 | ₩80,000 |
| 직접노무원가 | 160,000 |
| 변동제조간접원가 | 100,000 |
| 고정제조간접원가 | 100,000 |
| 총제조원가 | ₩440,000 |
| 생산량 | ÷10,000 |
| 단위당 원가 | ₩44 |

### [2-12]

㉠ 직접노무원가 = ₩60,000 ÷ 1.2 = ₩50,000

㉡ 제조원가 = ₩60,000 + ₩70,000 + ₩50,000 = ₩180,000

㉢ 판매관리비 = ₩180,000 × 20% = ₩36,000

㉣ 총원가 = ₩180,000 + ₩36,000 = ₩216,000

㉤ 이익 = ₩216,000 × 20% = ₩43,200

### [2-13]

직접재료원가 = ₩45,000 + ₩225,000 − ₩30,000 = ₩240,000

가공원가 = 직접노무원가 + 제조간접원가

₩168,000 = $0.6X + X$ $\quad\quad\therefore\ X =$ ₩105,000

제조간접원가 = ₩105,000

직접노무원가 = ₩105,000 × 60% = ₩63,000 or ₩168,000 − ₩105,000 = ₩63,000

기초원가 = ₩240,000 + ₩63,000 = ₩303,000

### [2-14]

기본원가 : ₩1,000,000 − ₩700,000 = 제조간접원가

따라서 제조간접원가 = ₩300,000

가공원가 : ₩1,000,000 − ₩900,000 = 직접재료원가

따라서 직접재료원가 = ₩100,000

직접노무원가는 ₩600,000임.

### [2-15]

기본원가 = 직접재료원가 + 직접노무원가

= ₩25,000 + ₩6,000 = ₩31,000

가공원가 = 직접노무원가 + 제조간접원가

= ₩6,000 + ₩5,000 + ₩3,000 + ₩2,000 + ₩1,000

= ₩17,000

# 제 3 장 원가의 흐름

## 객관식

**[3-1]** ③

원가 중에서 수익을 창출하기 위하여 이미 사용된 부분, 즉 소멸된 원가를 비용이라고 하고, 사용하지 않은 부분, 즉 미소멸된 원가를 자산이라고 한다.

**[3-2]** ③

제조원가명세서 항목 중 기말재공품은 재무상태표에 자산으로 기록된다.

**[3-3]** ①

제조간접원가 = 간접재료원가 + 간접노무원가 + 공장건물감가상각비 + 공장수도광열비 + 공장소모품비
= ₩15,000 + ₩7,500 + ₩10,000 + ₩7,000 + ₩5,000
= ₩44,500

기본원가 = 직접재료원가 + 직접노무원가 = ₩60,000 + ₩15,000 = ₩75,000

가공원가 = 직접노무원가 + 제조간접원가 = ₩15,000 + ₩44,500 = ₩59,500

**[3-4]** ①

(1) 기말재고액 : ₩300,000 + ₩6,000,000 − ₩3,000,000 = ₩3,300,000

(2) 기말재공품 : ₩8,000,000 + ₩1,000,000 − ₩8,500,000 = ₩500,000

∴ (1) + (2) = ₩3,800,000

**[3-5]** ②

직접재료

| 차변 | 금액 | 대변 | 금액 |
|---|---|---|---|
| 기초 | 250 | 재공품 | 300 |
| 매입 | 250 | 기말 | 200 |
| | 500 | | 500 |

재 공 품

| 차변 | 금액 | 대변 | 금액 |
|---|---|---|---|
| 기초 | 200 | 당기제품제조원가 | 950 |
| 직접재료원가 | 300 | 기말 | 250 |
| 직접노무원가 | 300 | | |
| 제조간접원가 | 400 | | |
| | 1,200 | | 1,200 |

| 제품 | | | |
|---|---|---|---|
| 기초 | 350 | 매출원가 | 1,000 |
| 당기제품제조원가 | 950 | 기말 | 300 |
| | 1,300 | | 1,300 |

**[3-6]** ③

| 재공품 | | | |
|---|---|---|---|
| 기초 | ? | 당기제품제조원가 | 130,000 |
| 직접재료원가 | 50,000 | 기말 | 20,000 |
| 직접노무원가 | 40,000 | | |
| 제조간접원가 | 30,000 | | |
| | 150,000 | | 150,000 |

기초재공품재고액 + 당기총제조원가 = 당기제품제조원가 + 기말재공품재고액

기초재공품제고액 = 당기제품제조원가 + 기말재공품재고액 − 당기총제조원가

= ₩130,000 + ₩20,000 − (₩50,000 + ₩40,000 + ₩30,000)

= ₩30,000

| 제조원가명세서 | | |
|---|---|---|
| 직접재료원가 | ₩50,000 | |
| 직접노무원가 | ₩40,000 | |
| 제조간접원가 | ₩30,000 | |
| 당기총제조원가 | | ₩120,000 |
| 기초재공품재고액 | | ? |
| 기말재공품재고액 | | ₩20,000 |
| 당기제품제조원가 | | ₩130,000 |

기초재공품 = ₩30,000

**[3-7]** ①

| 직접재료 | | | |
|---|---|---|---|
| 기초 | 30,000 | 재공품 | 100,000 |
| 매입 | 110,000 | 기말 | 40,000 |
| | 140,000 | | 140,000 |

| 재공품 | | | |
|---|---|---|---|
| 기초 | 50,000 | 당기제품제조원가 | 320,000 |
| 직접재료원가 | 100,000 | | |
| 직접노무원가 | 120,000 | 기말 | 30,000 |
| 제조간접원가 | 80,000 | | |
| | 350,000 | | 350,000 |

제 품

| 기초 | 70,000 | 매출원가 | 340,000 |
|---|---|---|---|
| 제품 | 320,000 | 기말 | 50,000 |
| | 390,000 | | 390,000 |

가공원가 = 직접노무원가(60%) ÷ 제조간접원가(40%)

= ₩80,000 ÷ 0.4

= ₩200,000

∴ 직접노무원가는 가공원가의 60%이므로, ₩200,000 × 0.6 = ₩120,000

당기제품제조원가 = 기초재공품재고액 + 당기총제조원가 − 기말재공품재고액

= ₩50,000 + (₩100,000 + ₩120,000 + ₩80,000) − ₩30,000

= ₩320,000

매출원가 = 기초제품재고액 + 당기제품제조원가 − 기말제품재고액

= ₩70,000 + ₩320,000 − ₩50,000

= ₩340,000

**[3–8]** ①

직접재료원가

| 기초 | 55,000 | 재공품 | 420,000 |
|---|---|---|---|
| 매입 | 400,000 | 기말 | 35,000 |
| | 455,000 | | 455,000 |

재 공 품

| 기초 | 200,000 | 당기제품제조원가 | 1,470,000 |
|---|---|---|---|
| 직접재료원가 | 420,000 | 기말 | 250,000 |
| 직접노무원가 | 600,000 | | |
| 제조간접원가 | 500,000 | | |
| | 1,720,000 | | 1,720,000 |

제 품

| 기초 | 300,000 | 매출원가 | 1,570,000 |
|---|---|---|---|
| 매입 | 1,470,000 | 기말 | 200,000 |
| | 1,770,000 | | 1,770,000 |

## [3-9] ②

**직접재료원가**

| 차변 | | 대변 | |
|---|---|---|---|
| 기초 | 10,000 | 재공품 | 22,000* |
| 매입 | 20,000 | 기말 | 8,000 |
| | 30,000 | | 30,000 |

**재 공 품**

| 차변 | | 대변 | |
|---|---|---|---|
| 기초 | 12,000 | 당기제품제조원가 | 49,000 |
| 직접재료원가 | 22,000* | 기말 | 15,000 |
| 직접노무원가 | 15,000** | | |
| 제조간접원가 | 15,000*** | | |
| | 64,000 | | 64,000 |

* 직접재료원가 = 기초원재료재고액 + 당기매입액 − 기말원재료재고액
= ₩10,000 + ₩20,000 − ₩8,000 = ₩22,000

** 기본원가 = 직접재료원가 + 직접노무원가
∴ 직접노무원가 = 기본원가 − 직접재료원가 = ₩37,000 − ₩22,000 = ₩15,000

*** 가공원가 = 직접노무원가 + 제조간접원가
∴ 제조간접원가 = 가공원가 − 직접노무원가 = ₩30,000 − ₩15,000 = ₩15,000

당기제품제조원가 = 기초재공품재고액 + 당기총제조원가 − 기말재공품재고액
= ₩12,000 + (₩22,000 + ₩15,000 + ₩15,000) − ₩15,000
= ₩49,000

## [3-10] ①

**제조원가명세서**

| | | |
|---|---|---|
| 직접재료원가 | ₩40,000 | |
| 직접노무원가 | ₩28,000 | |
| 제조간접원가 | ₩14,000* | |
| 당기총제조원가 | | ₩82,000 |
| 기초재공품재고액 | | ₩15,000 |
| 기말재공품재고액 | | ₩10,000 |
| 당기제품제조원가 | | ₩87,000 |

* ₩28,000 × 0.5 = ₩14,000

## [3-11] ①

**직접재료원가**

| 차변 | | 대변 | |
|---|---|---|---|
| 기초 | 8,000 | 재공품 | 45,000 |
| 매입 | 43,000 | 기말 | 6,000 |
| | 51,000 | | 51,000 |

**총제조원가**

| | |
|---|---|
| 직접재료원가 | ₩45,000 |
| 직접노무원가 | 34,000 |
| 제조간접원가 | 27,000 |
| | ₩106,000 |

**[3-12]** ②

재 공 품

| 기초 | – | 당기제품제조원가 | 4,900,000 |
|---|---|---|---|
| 직접재료원가 | | 기말 | – |
| 직접노무원가 | 6,000,000 | | |
| 제조간접원가 | | | |

제조간접원가 = ₩6,000,000 × 0.25 = ₩1,500,000

제조간접원가 = 직접노무원가 × 60%이므로,

직접노무원가 = ₩1,500,000 ÷ 0.6 = ₩2,500,000

직접재료원가 = 당기총제조원가 − 직접노무원가 − 제조간접원가

= ₩6,000,000 − ₩2,500,000 − ₩1,500,000 = ₩2,000,000

**[3-13]** ④

제조간접원가인 기계의 감가상각비를 기간비용으로 처리하면, 감가상각비만큼 당기총제조원가가 과소계상된다. 이러한 결과로 당기제품제조원가, 기말재공품재고액, 매출원가 및 기말제품재고액이 과소계상된다.

**[3-14]** ④

재 료 원 가

| 기초 | 200 | 재공품 | 500 |
|---|---|---|---|
| 매입 | 400 | 기말 | 100 |
| | 600 | | 600 |

재 공 품

| 기초 | 1,200 | 당기제품제조원가 | 1,750 |
|---|---|---|---|
| 직접재료원가 | 500* | 기말 | 1,000 |
| 직접노무원가 | 600 | | |
| 제조간접원가 | 450** | | |
| | 2,750 | | 2,750 |

* 직접재료원가 = 기초원재료재고액 + 당기매입액 − 기말원재료재고액

= ₩200 + ₩400 − ₩100 = ₩500

** 제조간접원가 = 기타제조경비 + 감가상각비(공장설비) + 보험료(공장설비)

= ₩300 + ₩50 + ₩100 = ₩450

당기제품제조원가 = 기초재공품재고액 + 당기총제조원가 − 기말재공품재고액

= ₩1,200 + (₩500 + ₩600 + ₩450) − ₩1,000 = ₩1,750

**[3–15]** ③

직접재료원가

| 기초 | 300 | 재공품 | 200 |
|---|---|---|---|
| 매입 | 0 | 기말 | 100 |
| | 300 | | 300 |

재 공 품

| 기초 | 1,000 | 당기제품제조원가 | 1,050 |
|---|---|---|---|
| 직접재료원가 | 200* | 기말 | 800 |
| 직접노무원가 | 300 | | |
| 제조간접원가 | 350** | | |
| | 1,850 | | 1,850 |

* 직접재료원가 = 기초원재료재고액 + 당기매입액 − 기말원재료재고액
= ₩300 + ₩0 − ₩100 = ₩200

** 제조간접원가 = 감가상각비-공장 + 공장감독자급여 + 기타 제조간접원가
= ₩50 + ₩100 + ₩200 = ₩350

당기제품제조원가 = 기초재공품재고액 + 당기총제조원가 − 기말재공품재고액
= ₩1,000 + (₩200 + ₩300 + ₩350) − ₩800 = ₩1,050

## 주관식

**[3–1]**

제조원가명세서

| | | |
|---|---|---|
| 직접재료원가 | ₩50,000 | |
| 직접노무원가 | | |
| 제조간접원가 | | |
| 당기총제조원가 | | ₩200,000* |
| 기초재공품재고액 | | ₩40,000** |
| 기말재공품재고액 | | ₩48,000*** |
| 당기제품제조원가 | | ₩192,000 |

*50,000 ÷ 25% = 200,000

**200,000 × 20% = 40,000

***40,000 × 1.2 = 48,000

### [3-2]

| | |
|---|---:|
| 당기총제조원가 | ₩340,000 |
| 기초재공품재고액 | X |
| 기말재공품재고액 | 1.2X |
| 당기제품제조원가 | ₩336,600* |
| 기초제품 | 18,000 |
| 기말제품 | 23,000 |
| 매출원가 | 331,600 |

*₩331,600 + ₩23,000 − ₩18,000 = ₩336,600

기초재공품재고액(X) : ₩340,000 + X − 1.2X = ₩336,600

0.2X = ₩3,400

X = ₩17,000

### [3-3]

직접재료원가 : ₩70,000 − ₩20,000 = ₩50,000

직접노무원가 : ₩50,000 × 210% = ₩105,000

가공원가 : ₩105,000/(100% − 30%) = ₩150,000

당기총제조원가 : ₩50,000 + ₩150,000 = ₩200,000

당기제품제조원가 : ₩200,000 × 20% + ₩200,000 − ₩200,000 × 20% × 1.2
= ₩192,000

### [3-4]

1. 제조간접원가 항목 : 공장설비 임대료 + 간접재료원가 + 간접노무원가
+ 공장설비 보험료 + 기계 · 설비 감가상각비
= ₩200,000 + ₩100,000 + ₩50,000 + ₩100,000 + ₩180,000
= ₩630,000

2. 제품제조원가

재공품

| | | | |
|---|---:|---|---:|
| 기초재고 | 100,000 | 당기제품제조원가 | 1,540,000 |
| 직접재료원가 | 240,000 | 기말재고 | 150,000 |
| 직접노무원가 | 720,000 | | |
| 제조간접원가 | 630,000 | | |
| | 1,690,000 | | 1,690,000 |

## [3-5]

노무원가 발생시 일단 미지급으로 처리한 후 현금 지급한 것으로 가정하면

1) 기초 미지급 노무원가는 '미지급 노무원가' 계정 대변에 기재
2) 임금발생액 노무원가 20,000 / 미지급 노무원가 20,000
3) 기말 미지급 노무원가는 '미지급 노무원가' 계정 차변에 기재

미지급 노무원가

| 차변 | | 대변 | |
|---|---|---|---|
| 당기지급액 | 15,000 | 전기이월 | 5,000 |
| 차기이월 | 10,000 | 당기발생액 | 20,000 |
| | 25,000 | | 25,000 |

## [3-6]

직접노무원가를 $x$라 하면

가공원가 : $x + 4x = ₩600,000$

$x = ₩120,000$

∴ 직접노무원가는 ₩120,000이며

직접재료원가 = ₩500,000 − ₩120,000

= ₩380,000

제조간접원가 = ₩120,000 × 4배

= ₩480,000

∴ 재공품계정을 만들어 보면

재공품

| 차변 | | 대변 | |
|---|---|---|---|
| 기초재고 | 150,000 | 당기제품제조원가 | 880,000 |
| 직접재료원가 | 380,000 | 기말재고 | 250,000 |
| 직접노무원가 | 120,000 | | |
| 제조간접원가 | 480,000 | | |
| | 1,130,000 | | 1,130,000 |

## [3-7]

재공품

| 차변 | | 대변 | |
|---|---|---|---|
| 기초 | 14,000 | 당기제품제조원가 | 13,000 |
| 직접재료원가 | 900 | 기말 | ㉡ 3,000 |
| 직접노무원가 | 700 | | |
| 제조간접원가 | ㉠ 400 | | |
| | 16,000 | | 16,000 |

제 품

| 차변 | | 대변 | |
|---|---|---|---|
| 기초 | 8,000 | 재공품 | ㉣ 17,000 |
| 제품 | 13,000 | 기말 | ㉢ 4,000 |
| | 21,000 | | 21,000 |

당기총제조원가 = 직접재료원가 + 직접노무원가 + 제조간접원가
₩2,000 = ₩900 + ₩700 + 제조간접원가(㉠)
∴ 제조간접원가 = ₩400
기초재공품재고액 + 당기총제조원가 = 당기제품제조원가 + 기말재공품재고액
₩14,000 + ₩2,000 = ₩13,000 + 기말재공품재고액(㉡)
∴ 기말재공품재고액 = ₩3,000
매출액 − 매출원가 = 매출총이익
₩25,000 − 매출원가(㉣) = ₩8,000
∴ 매출원가 = ₩17,000
기초제품재고액 + 당기제품제조원가 = 매출원가 + 기말제품재고액
₩8,000 + ₩13,000 = ₩17,000 + 기말제품재고액(㉢)
∴ 기말제품재고액 = ₩4,000

## [3-8]

매출원가 = ₩521,000

직접재료

| | | | |
|---|---|---|---|
| 기초 | 22,000 | 투입 | 292,000 |
| 구입 | 300,000 | 기말 | 30,000 |

재 공 품

| | | | |
|---|---|---|---|
| 기초 | 40,000 | 당기제품제조원가 | 514,000 |
| 직접재료원가 | 292,000 | 기말 | 48,000 |
| 직접노무원가 | 120,000 | | |
| 제조간접원가 | 110,000 | | |

제 품

| | | | |
|---|---|---|---|
| 기초 | 25,000 | 매출원가 | 521,000 |
| 완성 | 514,000 | 기말 | 18,000 |

노무원가

| | | | |
|---|---|---|---|
| | | 직노 | 120,000 |
| | | 간노 | 60,000 |

제조경비

| | | | |
|---|---|---|---|
| | | 간경 | 50,000 |

제조간접원가

| | | | |
|---|---|---|---|
| 간노 | 60,000 | 배부 | 110,000 |
| 간경 | 50,000 | | |

## [3-9]

1. 당기제품제조원가

직접재료원가

| | |
|---|---|
| 기초재료재고액 | ₩100,000 |
| 당기재료매입액 | 200,000 |

| | | |
|---|---|---|
| 기말재료재고액 | (80,000) | ₩220,000 |
| 직접노무원가 | | 150,000 |
| 제조간접원가 | | 155,000 |
| 당기총제조원가 | | ₩525,000 |
| 기초재공품재고액 | | 120,000 |
| 기말재공품재고액 | | (150,000) |
| 당기제품제조원가 | | ₩495,000 |

2. 당기매출원가

| 제 | 품 | | |
|---|---|---|---|
| 기초재고 | 150,000 | 매출원가 | 445,000 |
| 제품완성액 | 495,000 | 기말재고 | 200,000 |
| | 645,000 | | 645,000 |

## [3-10]

1. 분개

| | | | | | |
|---|---|---|---|---|---|
| ① 재료 구입시 | (차) | 원재료 | 1,000 | (대) 현금 | 1,000 |
| ② 재료 공정투입시 | (차) | 재공품 | 900 | (대) 원재료 | 900 |
| ③ 노무원가 발생시 | (차) | 노무원가 | 1,500 | (대) 현금 | 1,500 |
| 노무원가 대체시 | (차) | 재공품 | 1,200 | (대) 노무원가 | 1,500 |
| | | 제조간접원가 | 300 | | |
| ④ 감가상각비 발생시 | (차) | 감가상각비 | 130 | (대) 감가상각누계액 | 130 |
| 감가상각비 대체시 | | 제조간접원가 | 130 | 감가상각비 | 130 |
| ⑤ 소모품비 발생시 | (차) | 소모품비 | 140 | (대) 소모품 | 140 |
| 소모품비 대체시 | | 제조간접원가 | 140 | 소모품비 | 140 |
| ⑥ 수선유지비 발생시 | (차) | 수선유지비 | 230 | (대) 현금 | 230 |
| 수선유지비 대체시 | | 제조간접원가 | 230 | 수선유지비 | 230 |
| ⑦ 제조간접원가 대체시 | (차) | 재공품 | 800 | (대) 제조간접원가 | 800 |
| ⑧ 세품완성시 | (사) | 제품 | 3,000 | (대) 재공품 | 3,000 |

2. 원가흐름

| 원 | 재 료 | | |
|---|---|---|---|
| 기초 | 300 | 직재 | 900 |
| 구입 | 1,000 | 기말 | 400 |
| | 1,300 | | 1,300 |

| 제 | 품 | | |
|---|---|---|---|
| 기초 | 650 | 매원 | 3,500 |
| 완성 | 3,000 | 기말 | 150 |
| | 3,650 | | 3,650 |

| 노무 | 원가 | | |
|---|---|---|---|
| 현금 | 1,500 | 직노 | 1,200 |
| | | 간노 | 300 |
| | 1,500 | | 1,500 |

| 재 공 품 | | | |
|---|---|---|---|
| 기초 | 450 | 제품 | 3,000 |
| 직재 | 900 | 기말 | 350 |
| 직노 | 1,200 | | |
| 제간 | 800 | | |
| | 3,350 | | 3,350 |

| 제조간접원가 | | | |
|---|---|---|---|
| 간노 | 300 | 재공 | 800 |
| 감가 | 130 | | |
| 소모 | 140 | | |
| 수선 | 230 | | |
| | 800 | | 800 |

| 매출원가 | | | |
|---|---|---|---|
| 제품 | 3,500 | | 0 |

| 감가상각비 | | | |
|---|---|---|---|
| 감가상각누계액 | 130 | 제간 | 130 |
| | 130 | | 130 |

| 소모품비 | | | |
|---|---|---|---|
| 소모품 | 140 | 제간 | 140 |
| | 140 | | 140 |

| 수선유지비 | | | |
|---|---|---|---|
| 현금 | 230 | 제간 | 230 |
| | 230 | | 230 |

**3.** 제조원가명세서

| | | |
|---|---|---|
| 직접재료원가 | | |
| 기초재료재고액 | ₩300 | |
| 당기재료매입액 | 1,000 | |
| 기말재료재고액 | (400) | ₩900 |
| 직접노무원가 | | 1,200 |
| 제조간접원가 | | |
| 간접노무원가 | ₩300 | |
| 감가상각비 | 130 | |
| 소모품비 | 140 | |
| 수선유지비 | 230 | 800 |
| 당기총제조원가 | | ₩2,900 |
| 기초재공품재고액 | | 450 |
| 기말재공품재고액 | | (350) |
| 당기제품제조원가 | | ₩3,000 |

**4.** 손익계산서

| | | |
|---|---|---|
| Ⅰ. 매출액 | | ₩6,000 |
| Ⅱ. 매출원가 | | |
| 1.기초재고 | ₩650 | |
| 2.당기제품제조원가 | 3,000 | |
| 3. 기말재고 | 150 | 3,500 |
| Ⅲ. 매출총이익 | | ₩2,500 |

| | | |
|---|---|---|
| Ⅳ. 판매관리비 | | |
| 1. 판매비 | ₩200 | |
| 2. 관리비 | 300 | 500 |
| Ⅴ. 순이익 | | ₩2,000 |

## [3-11]

$$\text{단위당 변동원가} = \frac{₩70,000,000 - ₩50,000,000}{2,000 - 1,000} = ₩20,000$$

고정원가 = ₩50,000,000 − ₩1,000 × ₩20,000 = ₩30,000,000

총제조원가 = ₩3,000 × ₩20,000 × (1 − 0.4) + ₩30,000,000 × 1.2 = ₩72,000,000

## [3-12]

1.

제조원가명세서

| | | |
|---|---|---|
| Ⅰ. 직접재료원가 | | |
| 1. 기초원재료재고액 | ₩300,000 | |
| 2. 당기원재료매입액 | 800,000 | |
| 3. 기말원재료재고액 | (50,000) | ₩1,050,000 |
| Ⅱ. 직접노무원가 | | 400,000 |
| Ⅲ. 제조간접원가 | | |
| 1. 간접노무원가 | ₩200,000 | |
| 2. 공장감가상각비 | 90,000 | |
| 3. 공장재산세 | 10,000 | |
| 4. 공장소모품비 | 60,000 | |
| 5. 공장동력비 | 50,000 | |
| 6. 기타제조간접원가 | 100,000 | 510,000 |
| Ⅳ. 당기총제조원가 | | ₩1,960,000 |
| Ⅴ. 기초재공품재고액 | | 100,000 |
| Ⅵ. 기말재공품재고액 | | (20,000) |
| Ⅶ. 당기제품제조원가 | | ₩2,040,000 |

2.

손익계산서

| | | |
|---|---|---|
| Ⅰ. 매출액 | | ₩3,500,000 |
| Ⅱ. 매출원가 | | |
| 1. 기초제품재고액 | ₩400,000 | |

| | | |
|---|---|---|
| 2. 당기제품제조원가 | 2,040,000 | |
| 3. 기말제품재고액 | (120,000) | 2,320,000 |
| Ⅲ. 매출총이익 | | ₩1,180,000 |
| Ⅳ. 판매관리비 | | 900,000 |
| Ⅴ. 순이익 | | ₩280,000 |

## [3-13]

1. 직접재료원가 = ₩45,000 + ₩85,000 − ₩40,000 = ₩90,000
   기본원가 = 직접재료원가 + 직접노무원가 = ₩90,000 + ₩100,000 = ₩190,000
2. 직접노동시간 = 직접노무원가 ÷ 시간당 노무원가 = ₩100,000 ÷ ₩10 = 10,000시간
   제조간접원가 = 직접노동시간 × 제조간접원가 배부율 = 10,000시간 × ₩15 = ₩150,000
   가공원가 = 직접노무원가 + 제조간접원가 = ₩100,000 + ₩150,000 = ₩250,000
3. 당기총제조원가 = 직접재료원가 + 직접노무원가 + 제조간접원가
   = ₩90,000 + ₩100,000 + ₩150,000 = ₩340,000
4. 당기제품제조원가 = 기초재공품재고액 + 당기총제조원가 − 기말재공품재고액
   = ₩15,000 + ₩340,000 − ₩18,000 = ₩337,000
5. 매출원가 = 기초제품재고액 + 당기제품제조원가 − 기말제품재고액
   = ₩30,000 + ₩337,000 − ₩40,000 = ₩327,000

## [3-14]

1. ① 직접재료원가 = ₩40,000 + ₩170,000* − ₩20,000 = ₩190,000
   * 당기매입액 = 원재료매입액 + 매입부대비용 = ₩150,000 + ₩20,000 = ₩170,000

   ② 직접노무원가
   − 당기 급여 발생액 = 급여 + 원천징수액 = ₩250,000 + ₩25,000 = ₩275,000
   − 직접노무원가 = ₩275,000 × 0.7 = ₩192,500

   ③ 제조간접원가

| | | |
|---|---|---|
| 감가상각비 | ₩120,000 × 0.6 = | ₩72,000 |
| 공장감독자급여 | | 30,000 |
| 공장 전기료 | | 60,000 |
| 공장 임차료 | | 80,000 |
| 합 계 | | ₩242,000 |

   ④ 당기총제조원가 = ₩190,000 + ₩192,500 + ₩242,000 = ₩624,500
   ⑤ 당기제품제조원가 = ₩65,000 + ₩624,500 − ₩30,000 = ₩659,500

## 2. 제조원가명세서

제조원가명세서

| | | |
|---|---|---|
| 직접재료원가 | | |
| 기초원재료재고액 | ₩40,000 | |
| 당기원재료매입액 | 170,000 | |
| 기말원재료재고액 | (20,000) | ₩190,000 |
| 직접노무원가 | | 192,500 |
| 제조간접원가 | | |
| 감가상각비 | ₩72,000 | |
| 공장감독자급여 | 30,000 | |
| 공장 전기료 | 60,000 | |
| 공장 임차료 | 80,000 | 242,000 |
| 당기총제조원가 | | ₩624,500 |
| 기초재공품재고액 | | 65,000 |
| 기말재공품재고액 | | (30,000) |
| 당기제품제조원가 | | ₩659,500 |

## 3. 영업이익

| | | | |
|---|---|---|---|
| 매출액 | | | ₩1,000,000 |
| 매출원가 | | | |
| 기초제품재고원가 | | ₩50,000 | |
| 당기제품제조원가 | | 659,500 | |
| 기말재품제고원가 | | (75,000) | 634,500 |
| 매출총이익 | | | ₩365,500 |
| 판매관리비 | | | |
| 영업사원 급여 | ₩275,000×0.3 = | ₩82,500 | |
| 감가상각비 | ₩120,000×0.4= | 48,000 | |
| 본사임차료 | | 65,000 | 195,500 |
| 영업이익 | | | ₩170,000 |

**[3–15]**

직접재료원가

| | | | |
|---|---|---|---|
| 기초 | 1,000 | 재공품 | 3,500 |
| 매입 | 4,500 | 기말 | 2,000 |
| | 5,500 | | 5,500 |

재 공 품

| | | | |
|---|---|---|---|
| 기초 | 3,600 | 당기제품제조원가 | 15,000 |
| 직접재료원가 | 3,500 | 기말 | 2,000 |
| 직접노무원가 | 6,400 | | |
| 제조간접원가 | 3,500 | | |
| | 17,000 | | 17,000 |

제 품

| | | | |
|---|---|---|---|
| 기초 | 3,000 | 매출원가 | 14,000 |
| 매입 | 15,000 | 기말 | 4,000 |
| | 18,000 | | 18,000 |

직접재료원가 = ₩1,000 + ₩4,500 − ₩2,000 = ₩3,500

직접노무원가 = ₩8,000* × 0.8 = ₩6,400

* 당기 급여 발생액 = 지급한 급여 + 기말 미지급급여 − 기초 미지급급여
= ₩6,000 + ₩4,000 − ₩2,000 = ₩8,000

제조간접원가 = ₩3,500

매출원가 = ₩20,000 × (1 − 30%) = ₩14,000

1. 기초재공품원가 + 당기총제조원가 = 당기제품제조원가 + 기말재공품원가
   기초재공품원가 = ₩15,000 + ₩2,000 − (₩3,500 + ₩6,400 + ₩3,500) = ₩3,600
2. 당기총제조원가 = 직접재료원가 + 직접노무원가 + 제조간접원가
   = ₩3,500 + ₩6,400 + ₩3,500 = ₩13,400
3. 기초제품재고액 + 당기제품제조원가 = 매출원가 + 기말제품재고액
   당기제품제조원가 = ₩14,000 + ₩4,000 − ₩3,000 = ₩15,000
4. 매출원가 = ₩20,000 × (1 − 30%) = ₩14,000

## 객관식

**[4-1]** ③

① 보조부문에서 발생한 원가는 제조부문의 활동을 보조하기 위해서 발생한 원가로 제조간접원가에 해당한다.

② 보조부문원가의 배부순서가 중요한 배부방법은 단계배분법이다. 단계배분법은 보조부문 상호간의 용역수수관계를 부분적으로 고려하는 방법으로 배부순서가 달라지면 배부 후의 결과가 달라진다.

④ 상호배분법은 보조부문 간의 용역수수관계를 완전히 고려하는 방법으로 가장 정확한 방법이지만 계산이 복잡하다. 보조부문 상호간의 용역수수관계가 중요하지 않을 때 적용하는 방법은 직접배분법이다.

**[4-2]** ④

직접배분법은 보조부문 상호간의 용역수수관계를 전혀 고려하지 않고 보조부문원가를 제조부문에만 직접 배부하는 방법이다.

**[4-3]** ②

| | 동력부 | 절단부 | 조립부 | 합 계 |
|---|---|---|---|---|
| 배 분 전 원 가 | ₩150,000 | ₩230,000 | ₩120,000 | ₩500,000 |
| 동력부 변동원가 | (50,000)* | 30,000 | 20,000 | – |
| 동력부 고정원가 | (100,000)** | 50,000 | 50,000 | – |
| 배 분 후 원 가 | ₩0 | ₩310,000 | ₩190,000 | ₩500,000 |

* 변동원가는 서비스의 실제사용량을 기준으로 배분 = 300kWh : 200kWh

** 고정원가는 서비스의 최대사용량을 기준으로 배분 = 500kWh : 500kWh

**[4-4]** ①

| | 제조부문 | | 보조부문 | | 합 계 |
|---|---|---|---|---|---|
| | 절단부문 | 조립부문 | 수선부문 | 동력부문 | |
| 부문개별원가 | ₩200,000 | ₩100,000 | ₩40,000 | ₩60,000 | ₩400,000 |
| 부문공통원가 | | | | | |
| 감가상각비 | 15,000 | 10,000* | 10,000 | 5,000 | 40,000 |
| 복리후생비 | 5,000 | 2,000** | 2,000 | 1,000 | 10,000 |

* ₩40,000×(200㎡/800㎡)=₩10,000
** ₩10,000×(20명/100명)=₩2,000

**[4-5]** ④

| | 수선부 | 전력부 | A공정 | B공정 | 합 계 |
|---|---|---|---|---|---|
| 배분전원가 | ₩20,000 | ₩12,000 | – | – | ₩32,000 |
| 수선부* | (20,000) | 8,000 | 8,000 | 4,000 | |
| 전력부** | | (20,000)*** | 10,000 | 10,000 | |
| 배분후원가 | ₩0 | ₩0 | ₩18,000 | ₩14,000 | ₩32,000 |

* 전력부 : A공정 : B공정=4,000(40%) : 4,000(40%) : 2,000(20%)
** A공정 : B공정=4,000(50%) : 4,000(50%)
*** 두 번째로 배분되는 전력부는 자기부문에서 발생한 ₩12,000의 원가뿐만 아니라 수선부에서 배분받은 원가 ₩8,000까지 합한 금액 ₩20,000을 배분해야 한다.

**[4-6]** ②

직접배분법을 적용할 경우 전력부문에서 절단부문으로 배분될 제조간접원가는
₩90,000×[150kWh / (300kWh+150kWh)]=₩30,000

**[4-7]** ①

1) 직접배분법 : 제조부문 X에 배분될 보조부문원가

$$₩4,000,000\times\frac{45\%}{45\%+45\%}+₩6,000,000\times\frac{10\%}{10\%+10\%}=₩5,000,000$$

2) 단계배분법 : 보조부문 B를 먼저 배분

$$[(₩6,000,000\times80\%+₩4,000,000)]\times\frac{45\%}{45\%+45\%}+₩6,000,000\times10\%$$

$$=₩5,000,000$$

∴ 제조부문만의 용역제공비율이 같다면(X, Y 모두 50%씩) 직접배분법이든 단계배분법이든 배분액이 동일하다.

## [4-8] ②

| | 제 1 제조 | 제 2 제조 | 수선부(배부 2 순위) | 동력부(배부 1 순위) |
|---|---|---|---|---|
| 부문별 제조간접원가 | ₩24,000 | ₩18,000 | ₩8,000 | ₩12,000 |
| 동력부문원가 | 8,000 | 3,000 | 1,000 | (12,000) |
| 수선부분원가 | 5,400 | 3,600 | (9,000) | − |
| 합　　계 | ₩37,400 | ₩24,600 | ₩0 | ₩0 |

## [4-9] ①

상호배분법

동력부가 배부할 총원가를 X, 관리부가 배부할 총원가를 Y라 가정한다.

① X＝₩200,000＋0.25Y

② Y＝₩370,000＋0.4X

③ ②를 ①에 대입하여 X를 산출한다.

X＝₩200,000＋0.25(₩370,000＋0.4X)

X＝₩200,000＋92,500＋0.1X

0.9X＝₩292,500　　∴ X＝₩325,000

④ X값을 ②에 대입하여 Y를 산출한다.

Y＝₩370,000＋0.4×₩325,000＝₩500,000

∴ 제과부에 배분될 원가 : ₩325,000×20%＝₩65,000,

₩500,000×40%＝₩200,000

∴ ₩265,000

## [4-10] ②

직접배분법은 다른 보조부문과의 용역수수는 완전히 무시한다.

$$₩200{,}000 \times \frac{12{,}000}{12{,}000 + 18{,}000} = ₩80{,}000$$

## [4-11] ①

• 자가소비용역은 무시하고 용역제공비율을 다시 산정하면 다음과 같다.

| 용역제공부문 | 용역사용부문 A | B | X | Y |
|---|---|---|---|---|
| A | − | 40% | 20% | 40% |
| B | 30% | − | 40% | 30% |

• 보조부문의 원가총액

A : ₩16×120＝₩1,920　　B : ₩20×180＝₩3,600

• 보조부문원가의 배분

| 용역제공부문 | A | B | X | Y |
|---|---|---|---|---|
| | 용역사용부문 | | | |
| 배분전 원가 | ₩1,920 | ₩3,600 | ? | ? |
| A | (1,920) | 768 | 384 | 768 |
| B | − | (4,368) | 2,496 | 1,872 |
| | | | ₩2,880 | ₩2,640 |

**[4–12]** ③

연립방정식

X = ₩14,000 + 0.25Y

Y = ₩20,000 + 0.2X

∴ X = ₩20,000　　Y = ₩24,000

∴ 제조부문A에 배분될 원가 : ₩20,000 × 0.5 + ₩24,000 × 0.3 = ₩17,200

**[4–13]** ②

| 제공부문 \ 사용부문 | 보조부문 | | 제조부문 | |
|---|---|---|---|---|
| | 수선부($S_1$) | 동력부($S_2$) | $P_1$ | $P_2$ |
| 수선부($S_1$) | − | 0.2 | 0.3 | 0.5 |
| 동력부($S_2$) | 2/16 = 0.125 | − | 6/16 = 0.375 | 8/16 = 0.5 |

연립방정식

$S_1$ = ₩50,000 + 0.125 × $S_2$

$S_2$ = ₩380,000 + 0.2 × $S_1$

∴ $S_1$ = ₩100,000, $S_2$ = ₩400,000

∴ $P_1$에 배분되는 원가 : ₩100,000 × 0.3 + ₩400,000 × 0.375 = ₩180,000

$P_2$에 배분되는 원가 : ₩100,000 × 0.5 + ₩400,000 × 0.5 = ₩250,000

**[4–14]** ①

- 연립방정식

  A = ₩30,000 + 0.4B

  B = ₩50,000 + 0.5A

  ∴ A = ₩62,500,　B = ₩81,250

- 보조부문원가 배분

| | 보조부문 | | 제조부문 | | 합계 |
|---|---|---|---|---|---|
| | A | B | C | D | |
| 배분전원가 | ₩30,000 | ₩50,000 | ₩10,000 | ₩20,000 | ₩110,000 |

| | | | | | |
|---|---|---|---|---|---|
| 용역제공비율 | | | | | |
| A | | 5 | 4 | 1 | 10 |
| B | 4 | | 2 | 4 | 10 |
| A | (₩62,500) | ₩31,250 | ₩25,000 | ₩6,250 | ₩0 |
| B | 32,500 | (81,250) | 16,250 | 32,500 | 0 |
| 배분후원가 | ₩0 | ₩0 | ₩51,250 | ₩58,750 | ₩110,000 |

- C부문의 단위당 제조간접원가 : ₩51,250/50개 = ₩1,025
- 갑의 단위당 판매가격 : (₩500 + ₩1,025) × 1.2 = ₩1,830

**[4-15]** ④

- 단일배분율법

가공부문 : $₩300,000 \times \frac{600}{600+400} = ₩180,000$

조립부문 : $₩300,000 \times \frac{400}{600+400} = ₩120,000$

- 이중배분율법

가공부문 : $₩100,000 \times \frac{600}{600+400} + ₩200,000 \times \frac{1,000}{1,000+1,000} = ₩160,000$

조립부문 : $₩100,000 \times \frac{400}{600+400} + ₩200,000 \times \frac{1,000}{1,000+1,000} = ₩140,000$

## 주관식

**[4-1]**

1. 부문개별원가 : 간접노무원가, 간접재료원가
   부문공통원가 : 화재보험료, 감가상각비, 전력요금

2.

| | 제조부문 | | 보조부문 | | 합 계 |
|---|---|---|---|---|---|
| | 절단부 | 조립부 | 수선부 | 동력부 | |
| 부문개별원가 : | ₩11,000 | ₩5,000 | ₩3,000 | ₩6,000 | ₩25,000 |
| 부문공통원가 : | | | | | |
| 화재보험료 | 2,250[a)] | 2,250 | 750 | 750 | 6,000 |
| 감가상각비 | 1,500[b)] | 1,500 | 500 | 500 | 4,000 |
| 전력요금 | 750[c)] | 500 | 250 | 500 | 2,000 |
| 합 계 | ₩15,500 | ₩9,250 | ₩4,500 | ₩7,750 | ₩37,000 |

a) ₩6,000 × ($600m^2$/$1,600m^2$) = ₩2,250  b) ₩4,000 × ($600m^2$/$1,600m^2$) = ₩1,500
c) ₩2,000 × (60kwh/160kwh) = ₩750

### [4-2]

**1.** 직접배부법

| | 금 액 | 제조부문 | | 보조부문 | |
|---|---|---|---|---|---|
| | | 절단부문 | 조립부문 | 수선부문 | 동력부문 |
| 부 문 원 가 | ₩37,000 | ₩15,500 | ₩9,250 | ₩4,500 | ₩7,750 |
| 수선부문원가 | | 2,000[a)] | 2,500 | (4,500) | – |
| 동력부문원가 | | 4,844[b)] | 2,906 | – | (7,750) |
| 합 계 | ₩37,000 | ₩22,344 | ₩14,656 | ₩0 | ₩0 |

a) ₩4,500×(40%/90%)=₩2,000
b) ₩7,750×(50%/80%)≒₩4,844

**2.** 단계배부법

배부순서 결정 : 1차는 동력부문원가, 2차는 수선부문원가

| | 금 액 | 제조부문 | | 보조부문 | |
|---|---|---|---|---|---|
| | | 절단부문 | 조립부문 | 수선부문 | 동력부문 |
| 부 문 원 가 | ₩37,000 | ₩15,500 | ₩9,250 | ₩4,500 | ₩7,750 |
| 동력부문원가 | | 3,875[a)] | 2,325 | 1,550 | (7,750) |
| 수선부문원가 | | 2,689[b)] | 3,361 | (6,050) | – |
| 합 계 | ₩37,000 | ₩22,064 | ₩14,936 | ₩0 | ₩0 |

a) ₩7,750×(50%/100%)=₩3,875
b) ₩6,050×(40%/90%)≒₩2,689

**3.** 상호배부법

총수선부문원가를 $x$라 하고, 총동력부문원가를 $y$라고 하면

$x$=₩4,500+0.2$y$ ·················· ①

$y$=₩7,750+0.1$x$ ··············· ②

②를 ①에 대입하여 풀면, 총수선부문원가 $x$는 약 ₩6,173이 된다. 이 $x$값을 식 ①이나 ②에 대입시키면 총동력부문원가 $y$는 약 ₩8,367이 된다.

| | 금 액 | 제조부문 | | 보조부문 | |
|---|---|---|---|---|---|
| | | 절단부문 | 조립부문 | 수선부문 | 동력부문 |
| 부 문 원 가 | ₩37,000 | ₩15,500 | ₩9,250 | ₩4,500 | ₩7,750 |
| 수선부문원가 | | 2,469[a)] | 3,087 | (6,173) | 617 |
| 동력부문원가 | | 4,184[b)] | 2,510 | 1,673 | (8,367) |
| 합 계 | ₩37,000 | ₩22,153 | ₩14,847 | ₩0 | ₩0 |

a) ₩6,173×40%≒₩2,469
b) ₩8,367×50%≒₩4,184

[4-3]

| | 제1공장 | 제2공장 | 수선부 | 동력부 | 생산관리부 |
|---|---|---|---|---|---|
| 제조간접원가 | ₩3,800,000 | ₩3,200,000 | ₩1,100,000 | ₩900,000 | ₩2,000,000 |
| 생산관리부 | 800,000 | 800,000 | 300,000 | 100,000 | (2,000,000)* |
| 동 력 부 | 500,000 | 400,000 | 100,000 | (1,000,000)** | |
| 수 선 부 | 900,000 | 600,000 | (1,500,000)*** | | |
| 합 계 | ₩6,000,000 | ₩5,000,000 | ₩0 | ₩0 | ₩0 |

단계배분법에 의한 보조부문원가의 배부

* 생산관리부

제1공장 : ₩2,000,000 × 40% = ₩800,000

제2공장 : ₩2,000,000 × 40% = ₩800,000

수선부 : ₩2,000,000 × 15% = ₩300,000

동력부 : ₩2,000,000 × 5% = ₩100,000

** 동력부

제1공장 : (₩900,000 + ₩100,000) × 50% = ₩500,000

제2공장 : (₩900,000 + ₩100,000) × 40% = ₩400,000

수선부 : (₩900,000 + ₩100,000) × 10% = ₩100,000

*** 수선부

제1공장 : (₩1,100,000 + ₩300,000 + ₩100,000) × 60% = ₩900,000

제2공장 : (₩1,100,000 + ₩300,000 + ₩100,000) × 40% = ₩600,000

1. 화물선에 배부될 제조간접원가

제1공장 제조간접원가 ₩6,000,000 × (800시간 / 2,000시간) = ₩2,400,000

제2공장 제조간접원가 ₩5,000,000 × (400시간 / 1,000시간) = ₩2,000,000

합 계 ₩4,400,000

2. 유조선에 배부될 제조간접원가

제1공장 제조간접원가 ₩6,000,000 × (500시간 / 2,000시간) = ₩1,500,000

제2공장 제조간접원가 ₩5,000,000 × (300시간 / 1,000시간) = ₩1,500,000

합 계 ₩3,000,000

3. 군함에 배부될 제조간접원가

제1공장 제조간접원가 ₩6,000,000 × (700시간 / 2,000시간) = ₩2,100,000

제2공장 제조간접원가 ₩5,000,000 × (300시간 / 1,000시간) = ₩1,500,000

합 계 ₩3,600,000

## [4-4]

• 용역제공비율(자가소비용역은 무시함)

| 사용처 / 제공처 | 제조부문 | | 보조부문 | | 합 계 |
|---|---|---|---|---|---|
| | 절단부문 | 조립부문 | 수선부문 | 동력부문 | |
| 수선부문원가 | 35.7% | 59.5% | – | 4.8% | 100% |
| 동력부문원가 | 37.3% | 59.7% | 3.0% | – | 100% |

### 1. 단계배부법

| | 금 액 | 제조부문 | | 보조부문 | |
|---|---|---|---|---|---|
| | | 절단부문 | 조립부문 | 동력부문 | 수선부문 |
| 부 문 원 가 | ₩380,000 | ₩150,000 | ₩200,000 | ₩10,000 | ₩20,000 |
| 수선부문원가 | | 7,140[a)] | 11,900 | 960 | (20,000) |
| 동력부문원가 | | 4,215[b)] | 6,745 | (10,960) | – |
| 합 계 | ₩380,000 | ₩161,355 | ₩218,645 | ₩0 | ₩0 |

a) ₩20,000×(35.7%/100%)≒₩7,140[혹은 ₩20,000×(30/84)]

b) ₩10,960×(37.3%/97%)≒₩4,215[혹은 ₩10,960×(50,000/130,000)]

### 2. 상호배부법

총수선부문원가를 $x$라 하고, 총동력부문원가를 $y$라고 하면

$x=$ ₩$20,000+0.03y$ ·············· ①

$y=$ ₩$10,000+0.048x$ ·············· ②

②를 ①에 대입하여 풀면, 총수선부문원가 $x$는 약 ₩20,329이 된다. 이 $x$값을 식 ①이나 ②에 대입시키면 총동력부문원가 $y$는 약 ₩10,976이 된다.

| | 금 액 | 제조부문 | | 보조부문 | |
|---|---|---|---|---|---|
| | | 절단부문 | 조립부문 | 수선부문 | 동력부문 |
| 부 문 원 가 | | ₩150,000 | ₩200,000 | ₩20,000 | ₩10,000 |
| 동력부문원가 | ₩380,000 | 4,094[b)] | 6,553 | 329 | (10,976) |
| 수선부문원가 | | 7,257[a)] | 12,096 | (20,329) | 976 |
| 합 계 | ₩380,000 | ₩161,351 | ₩218,649 | ₩0 | ₩0 |

a) ₩20,329×35.7%≒₩7,257

b) ₩10,976×37.3%≒₩4,094

## [4-5]

– 보조부문 X를 먼저 배부하는 경우

① 보조부문 X원가의 배부

보조부문 Y : ₩160,000×(40단위 / 100단위) = ₩64,000

제조부문 A : ₩160,000×(20단위 / 100단위) = ₩32,000

② 보조부문 Y원가의 배부

제조부문 A : (₩200,000 + ₩64,000)×(60단위 / 120단위) = ₩132,000

③ 제조부문 A에 배부되는 보조부문원가 = ₩32,000 + ₩132,000 = ₩164,000

- 보조부문 Y를 먼저 배부하는 경우

① 보조부문 Y원가의 배부

보조부문 X : ₩200,000×(80단위 / 200단위) = ₩80,000

제조부문 A : ₩200,000×(60단위 / 200단위) = ₩60,000

② 보조부문 X원가의 배부

제조부문 A : (₩160,000 + ₩80,000)×(20단위 / 60단위) = ₩80,000

③ 제조부문 A에 배부되는 보조부문원가 = ₩60,000 + ₩80,000 = ₩140,000

∴ 배부순서에 따른 제조부문 A에 배부되는 보조부문원가의 차이는

₩164,000 − ₩140,000 = ₩24,000

## [4-6]

- 보조부문원가를 생산부문의 직접원가를 기준으로 생산부문 A에 배부하는 경우

$$= (₩300,000 + ₩600,000) \times \frac{₩500,000}{₩500,000 + ₩400,000} = ₩500,000$$

- 보조부문원가를 단계배분법을 적용하는 경우(단, 보조부문 C의 원가부터 배부)

① 보조부문 C의 원가배부

- 생산부문 A : ₩300,000×40% = ₩120,000
- 보조부문 D : ₩300,000×10% = ₩30,000

② 보조부문 D의 원가배부

- 생산부문 A : $(₩600,000 + ₩30,000) \times \frac{30\%}{30\% + 60\%} = ₩210,000$

③ 생산부문 A에 배부되는 보조부문원가 = ₩120,000 + ₩210,000 = ₩330,000

- 보조부문 원가배부 방법의 변경에 따라 생산부문 A에 배부되는 보조부문원가 = ₩500,000 − ₩330,000 = ₩170,000

## [4-7]

- 단일배분율에 의한 보조부문 원가의 배부 – 변동원가와 고정원가를 구분하지 않고 서비스 실제사용량으로 배분

수선부문원가 배부율 = (₩200,000 + ₩300,000) ÷ 800시간 = ₩625/수선시간당

조립부문 : 400시간 × ₩625 = ₩250,000

도장부문 : 400시간 × ₩625 = ₩250,000

– 이중배분율에 의한 보조부문 원가의 배부 – 변동원가는 서비스 실제사용량을 기준으로, 고정원가는 서비스 최대사용가능량을 기준으로 배부

변동원가 배부율 = ₩200,000 ÷ 800시간 = ₩250/수선시간당

고정원가 배부율 = ₩300,000 ÷ 1,000시간 = ₩300/수선시간당

| | | | |
|---|---|---|---|
| 조립부문 | 변동원가 | 400시간 × ₩250 = | ₩100,000 |
| | 고정원가 | 400시간 × ₩300 = | 120,000 |
| | 합　계 | | ₩220,000 |

∴ 조립부문에 배부되는 보조부문 원가의 차이

₩250,000 – ₩220,000 = ₩30,000

## [4-8]

1. 단계배부법

| | 절단부문 | 조립부문 | 수선부문 | 동력부문 |
|---|---|---|---|---|
| 부　문　비 | ₩50,000 | ₩70,000 | ₩30,000 | ₩20,000 |
| 배부 : 동력부문 | 6,000[a)] | 12,000 | 2,000 | (20,000) |
| 수선부문 | 21,333[b)] | 10,667 | (32,000) | – |
| 합　계 | ₩77,333 | ₩92,667 | ₩0 | ₩0 |

a) ₩20,000 × (300시간/1,000시간) = ₩6,000

b) ₩32,000 × (₩10,000/₩15,000) = ₩21,333

2. 절단부문과 조립부문의 제조간접원가 배부율

절단부문 : ₩77,333/800 = ₩96.7

조립부문 : ₩98,667/800 = ₩115.8

3. A제품에 배부될 절단부문과 조립부문의 제조간접원가

절단부문 : ₩96.7 × 100 = ₩9,670

조립부문 : ₩115.8 × 100 = ₩11,580

## [4-9]

1. 단일배부율법

$P_1$에 배부액 : ₩1,100,000 × {20,000/(20,000 + 20,000)} = ₩550,000

$P_2$에 배부액 : ₩1,100,000 × {20,000/(20,000 + 20,000)} = ₩550,000

2. 이중배부율법

| | $P_1$ | $P_2$ |
|---|---|---|
| 변동원가 배부액 | ₩250,000[a)] | ₩250,000 |
| 고정원가 배부액 | 200,000[b)] | 400,000 |

a) ₩500,000×{20,000/(20,000+20,000)}=₩250,000

b) ₩600,000×{20,000/(20,000+40,000)}=₩200,000

## [4-10]

1. $S_1$=₩500,000+0.4$S_2$

   $S_2$=₩202,000+0.3$S_1$

   ①과 ②를 연립하여 풀면

   $S_1$=₩660,000

   $S_2$=₩400,000

   $P_1$에 배부될 보조부문원가

   ₩660,000×0.4=₩264,000

   ₩400,000×0.3=₩120,000

   ₩384,000

2. 1,000−1,000×0.3×0.4=880시간

## [4-11]

X=₩160,000+0.3Y

Y=₩200,000+0.4X를 연립하여 풀면 X=₩250,000, Y=₩300,000이므로

A 부문에 배분되는 총보조부문원가는 ₩250,000×0.2+₩300,000×0.4=₩170,000

## [4-12]

1. 직접배부법

| | 금 액 | 보조부문 | | 제조부문 | |
|---|---|---|---|---|---|
| | | 동력부문 | 수선부문 | 제조A | 제조B |
| 부문원가 | ₩119,000 | ₩14,000 | ₩20,000 | ₩35,000 | ₩50,000 |
| 동력부문 | | (14,000) | 0 | 8,750 | 5,250 |
| 수선부문 | | 0 | (20,000) | 8,000 | 12,000 |
| 합계 | ₩119,000 | ₩0 | ₩0 | ₩51,750 | ₩67,250 |

2. 단계배부법

| | 금 액 | 보조부문 | | 제조부문 | |
|---|---|---|---|---|---|
| | | 동력부문 | 수선부문 | 제조A | 제조B |
| 부문원가<br>동력부문<br>수선부문 | ₩119,000 | ₩14,000<br>(14,000)<br>0 | ₩20,000<br>2,800<br>(22,800) | ₩35,000<br>7,000<br>9,120 | ₩50,000<br>4,200<br>13,680 |
| 합계 | ₩119,000 | ₩0 | ₩0 | ₩51,120 | ₩67,880 |

3. 상호배부법

총동력부문원가를 $x$라 하고, 총수선부문원가를 $y$라고 하면

$x=$ ₩14,000$+0.25y$ ·············· ①

$y=$ ₩20,000$+0.2x$ ·············· ②

②를 ①에 대입하여 풀면, 총수선부문원가 $y$는 ₩24,000이 된다. 이 $y$값을 식 ①이나 ②에 대입시키면 총동력부문원가 $x$는 ₩20,000이 된다.

| | 금 액 | 보조부문 | | 제조부문 | |
|---|---|---|---|---|---|
| | | 동력부문 | 수선부문 | 제조A | 제조B |
| 부문원가<br>동력부문<br>수선부문 | ₩119,000 | ₩14,000<br>(20,000)<br>6,000 | ₩20,000<br>4,000<br>(24,000) | ₩35,000<br>10,000<br>7,200 | ₩50,000<br>6,000<br>10,800 |
| 합계 | ₩119,000 | ₩0 | ₩0 | ₩52,200 | ₩66,800 |

## [4–13]

1. 총발생원가 = ₩5,000,000 + ₩3,000,000 = ₩8,000,000

   – 최대사용량 기준 = 1,000,000

   단일배부율 = ₩8,000,000/1,000,000 = ₩8

   동력부문원가 배분

   부문A = 250,000 × ₩8 = ₩2,000,000

   부문B = 750,000 × ₩8 = ₩6,000,000

   – 실제사용량 기준 = 500,000

   단일배부율 = ₩8,000,000/500,000 = ₩16

   동력부문원가 배분

   부문A = 200,000 × ₩16 = ₩3,200,000

   부문B = 300,000 × ₩16 = ₩4,800,000

– 단일배부율에 적용될 배부기준은 최대 사용가능량과 실제 사용량을 이용할 수 있으며, 단일배부율법은 계산상의 편리함이 있으나 고정원가가 차지하는 비중이 클 경우 조업도에 따라 원가정보를 왜곡시킬 수 있다.

2. 실제사용량을 단일배부율 기준으로 이용할 경우 부문A에서 불만을 가지게 된다. 왜냐하면 동력부문의 상당부부는 부문B를 위하여 설비를 갖추고 있는데 부문B의 조업도가 예상보다 낮아짐에 따라 부문B를 위해 보유하고 있는 설비에 대한 고정원가를 부문A에서 부담하게 된다. 또한 최대 사용가능량을 단일배부율 기준으로 이용할 경우 부문B에서 불만을 가지게 된다. 실제 사용량이 최대 사용가능량에 훨씬 미치지 못함에도 불구하고 최대 사용가능량에 따라 변동원가를 부담하게 된다.

3. 이중배부율법
   - 고정원가 : 최대 사용가능량
   - 변동원가 : 실제 사용량
   - 고정원가 배부율 = ₩5,000,000/1,000,000 = ₩5
   - 변동원가 배부율 = ₩3,000,000/500,000 = ₩6
   - 동력부문원가 배분

     부문A = 250,000 × ₩5 + 200,000 × ₩6 = ₩2,450,000

     부문B = 750,000 × ₩5 + 300,000 × ₩6 = ₩5,550,000

4. 이중배부율법을 사용할 경우 조업도차이에 대한 문제를 해소할 수 있으며, 예산조업도와 실제조업도의 차이에서 발생하는 고정원가에 대한 부적절한 배부문제를 예방할 수 있다. 따라서 이중배부율법을 사용할 경우 보다 정확한 보조부문원가 배분으로 인해 제품별 원가계산에 정확성을 기할 수 있다.

**[4-14]**

1. 직접배부법

변동원가

| | 보조부문 | | 제조부문 | |
|---|---|---|---|---|
| | 동력부문 | 정보시스템 | 선풍기 | 에어콘 |
| 부문원가 | ₩150,000 | ₩190,000 | – | – |
| 동력부문 | (150,000) | 0 | ₩75,000 | ₩75,000 |
| 수선부문 | 0 | (190,000) | 71,250 | 118,750 |
| 합 계 | ₩0 | ₩0 | ₩146,250 | ₩193,750 |

고정원가

| | 보조부문 | | 제조부문 | |
|---|---|---|---|---|
| | 동력부문 | 정보시스템 | 선풍기 | 에어콘 |
| 부문원가 | ₩200,000 | ₩254,000 | – | – |
| 동력부문 | (200,000) | 0 | ₩75,000 | ₩125,000 |
| 수선부문 | 0 | (254,000) | 169,333 | 84,667 |
| 합 계 | ₩0 | ₩0 | ₩244,333 | ₩209,667 |

보조부문원가 배부액(합계)

| | 제조부문 | | 합 계 |
|---|---|---|---|
| | 선풍기 | 에어콘 | |
| 변동원가 | ₩146,250 | ₩193,750 | ₩340,000 |
| 고정원가 | 244,333 | 209,667 | 454,000 |
| 합 계 | ₩390,583 | ₩403,417 | ₩794,000 |

2. 단계배부법

변동원가

| | 보조부문 | | 제조부문 | |
|---|---|---|---|---|
| | 동력부문 | 정보시스템 | 선풍기 | 에어콘 |
| 부문원가 | ₩150,000 | ₩190,000 | – | – |
| 동력부문 | (150,000) | 45,000 | ₩52,500 | ₩52,500 |
| 수선부문 | 0 | (235,000) | 88,125 | 146,875 |
| 합 계 | ₩0 | ₩0 | ₩140,625 | ₩199,375 |

고정원가

| | 보조부문 | | 제조부문 | |
|---|---|---|---|---|
| | 동력부문 | 정보시스템 | 선풍기 | 에어콘 |
| 부문원가 | ₩200,000 | ₩254,000 | – | – |
| 동력부문 | (200,000) | 40,000 | ₩60,000 | ₩100,000 |
| 수선부문 | 0 | (294,000) | 196,000 | 98,000 |
| 합 계 | ₩0 | ₩0 | ₩256,000 | ₩198,000 |

보조부문원가 배부액(합계)

| | 제조부문 | | 합 계 |
|---|---|---|---|
| | 선풍기 | 에어콘 | |
| 변동원가 | ₩140,625 | ₩199,375 | ₩340,000 |
| 고정원가 | 256,000 | 198,000 | 454,000 |
| 합 계 | ₩396,625 | ₩397,375 | ₩794,000 |

3. 상호배부법

변동원가

총동력부문원가를 $x$라 하고, 총정보시스템비를 $y$라고 하면

$x=$₩$150,000+0.2y$ ·············· ①

$y=$₩$190,000+0.3x$ ·············· ②

$x=$₩$200,000$, $y=$₩$250,000$

| | 보조부문 | | 제조부문 | |
|---|---|---|---|---|
| | 동력부문 | 정보시스템 | 선풍기 | 에어콘 |
| 부문원가 | ₩150,000 | ₩190,000 | − | − |
| 동력부문 | (200,000) | 60,000 | ₩70,000 | ₩70,000 |
| 수선부문 | 50,000 | (250,000) | 75,000 | 125,000 |
| 합 계 | ₩0 | ₩0 | ₩145,000 | ₩195,000 |

고정원가

$x=$ ₩200,000 $+0.1y$

$y=$ ₩254,000 $+0.2x$

$x=$ ₩230,000, $y=$ ₩300,000

| | 보조부문 | | 제조부문 | |
|---|---|---|---|---|
| | 동력부문 | 정보시스템 | 선풍기 | 에어콘 |
| 부문원가 | ₩200,000 | ₩254,000 | − | − |
| 동력부문 | (230,000) | 46,000 | ₩69,000 | ₩115,000 |
| 수선부문 | 30,000 | (300,000) | 180,000 | 90,000 |
| 합 계 | ₩0 | ₩0 | ₩249,000 | ₩205,000 |

보조부문원가 배부액(합계)

| | 제조부문 | | 합 계 |
|---|---|---|---|
| | 선풍기 | 에어콘 | |
| 변동원가 | ₩145,000 | ₩195,000 | ₩340,000 |
| 고정원가 | 249,000 | 205,000 | 454,000 |
| 합 계 | ₩394,000 | ₩400,000 | ₩794,000 |

## [4-15]

− 수선부문에서 배부할 총액을 A, 동력부문에서 배부할 총액을 B라 하면,

A = ₩160,000 + 0.5B

B = ₩80,000 + 0.4A

∴ A = ₩250,000, B = ₩180,000

1. 성형부문에 배부되는 보조부문의 원가
   = ₩250,000 × 0.4 + ₩180,000 × 0.25 = ₩145,000
2. 조립부문에 배부되는 보조부문의 원가
   = ₩250,000 × 0.2 + ₩180,000 × 0.25 = ₩95,000

* 보조부문의 자가소비는 고려하지 않는다.

## 객관식

**[5–1]** ①

- 제조간접원가 예정배부율 = ₩780,000/39,000시간 = ₩20/시간
- 실제제조간접원가 발생액 ₩800,000
- 제조간접원가 배부액 ₩790,000 (= 39,500시간 × ₩20/시간)
- 과소배부액 ₩10,000

**[5–2]** ③

#201 직접노무원가 = ₩1,200,000 ÷ 1.2 = ₩1,000,000

#301 총원가 = ₩294,000 + ₩735,000 + ₩735,000 × 1.2
= ₩1,911,000

**[5–3]** ④

$$₩50,000 \times \frac{₩90,000}{₩90,000 + ₩60,000 + ₩450,000} = ₩7,500$$

**[5–4]** ③

$$\text{MOH 배부율} = \frac{₩1,000,000}{2,500\text{시간}} = ₩400/\text{시간}$$

#901 배부액 = ₩400 × 320 = ₩128,000

**[5-5]** ①

| | | |
|---|---|---|
| | 기초원재료 | ₩50,000 |
| + | 매입원재료 | 500,000 |
| − | 기말원재료 | (20,000) |
| | 직접재료원가 | ₩530,000 |
| + | 직접노무원가 | 200,000 |
| + | 제조간접원가 | 380,000 |
| | 당기총제조원가 | ₩1,110,000 |
| + | 기초재공품 | 80,000 |
| − | 기말재공품 | (50,000) |
| | 당기제품제조원가 | ₩1,140,000 |
| + | 기초제품 | 40,000 |
| − | 기말제품 | (130,000) |
| | 매출원가 | ₩1,050,000 |

**[5-6]** ②

제조간접원가

| 실제 | 배부액 |
|---|---|
| ₩49,000 | ₩36,000×150%<br>=₩54,000 |

재공품

| | | | |
|---|---|---|---|
| 기초 | ₩30,000 | 당기제품제조원가 | ₩95,000 |
| 당기총제조원가 | ₩110,000 | | |
| 직접재료원가 20,000 | | | |
| 직접노무원가 36,000 | | 기말 | ₩45,000 |
| 제조간접원가 36,000×150%<br>=₩54,000 | | | |

* = 조정전 매출원가 ₩75,000
− 조정후 매출원가 ₩70,000

과대배부 ₩5,000

제 품

| | | | |
|---|---|---|---|
| 기초 | ₩20,000 | 매출원가 | ₩75,000 |
| 당기제품제조원가 | ₩95,000 | 기말 | ₩40,000 |

조정후 매출원가 : ₩70,000
→ 과대배부 ₩5,000

**[5-7]** ③

제조간접원가

| 실제 | 배부액 |
| --- | --- |
| ₩92,000 | ₩80,000 |

* 과소배부액 : ₩12,000

〈매출원가조정법〉

조정 후 매출원가 : ₩60,000 + ₩12,000 = ₩72,000

〈총원가비례법〉

조정 후 매출원가 : $₩60,000 + ₩12,000 \times \frac{₩60,000}{₩10,000 + ₩30,000 + ₩60,000}$

= ₩67,200

* ₩72,000 − ₩67,200 = ₩4,800 증가

**[5-8]** ②

제조간접원가

| 실제 | 배부액 |
| --- | --- |
| ₩118,000 | ₩84,000 × 1.3* = ₩109,200 |

* 과소배부액 : ₩8,800

* $\frac{₩19,500}{₩15,000} = 1.3$

**[5-9]** ②

$₩1,800 \times \frac{₩1,400 + ₩2,600}{₩1,400 + ₩2,600 + ₩5,000} = ₩800$ 증가

※ 기말재고자산에 배부되는 금액만큼 순이익 차이

**[5-10]** ③

예정배부율: ₩928,000/80,000시간 = ₩11.6

실제기계작업시간 × ₩11.6 = ₩840,710

따라서 실제기계작업시간 = 72,475시간

## [5-11] ⑤

제조간접원가예정배부율 : ₩12,000,000 ÷ 24,000시간 = ₩500

재공품

| | | | |
|---|---|---|---|
| 기 초 | ₩320,000 | 제 품 | ₩5,850,000 |
| 직접재료원가 | ₩1,600,000 | 기 말 | ₩563,000* |
| 직접노무원가 | ₩2,500,000 | | |
| 제조간접원가 | ? | | |
| | ₩6,413,000 | | ₩6,413,000 |

*기말재공품 : #201 ₩120,000 + ₩75,000 + ₩500 × 240시간 = ₩315,000
#205 ₩105,000 + ₩48,000 + ₩500 × 190시간 = ₩248,000
₩563,000

따라서 제조간접원가 예정배부액 = ₩6,413,000 − (₩320,000 + ₩1,600,000 + ₩2,500,000) = ₩1,993,000

실제발생액 : ₩1,993,000 + ₩10,000 = ₩2,003,000

## [5-12] ⑤

제조간접원가예정배부율 = ₩40,000 ÷ 5,000시간 = ₩8

배부차이 = 실제 − 예정배부

₩3,000초과배부 = ₩44,000 − ₩8 × 실제직접노무시간

∴ 실제직접노무시간 = 5,875시간

실제생산량 = 5,875시간 ÷ 5시간 = 1,175개

## [5-13] ③

제조간접원가 예정배부율 : ₩480,000 ÷ 6,000 = ₩80

제조간접원가

| | | | |
|---|---|---|---|
| 실 제 | 500,000 | 예정배부 | 400,000* |
| | | (과소배부) | 100,000 |

* = 5,000시간 × ₩80

재공품

| | | | |
|---|---|---|---|
| 기 초 | 0 | 당기제품제조원가 | 1,580,000** |
| 직접재료원가 | 400,000 | | |
| 직접노무원가 | 1,200,000 | | |
| 제조간접원가 | 400,000 | 기 말 | 420,000 |
| | 2,000,000 | | 2,000,000 |

** = ₩340,000 + ₩960,000 + ₩280,000

| 제 품 | | | |
|---|---|---|---|
| 기 초 | 0 | 매출원가 | 860,000*** |
| 당기제품제조원가 | 1,580,000 | 기 말 | 720,000 |
| | 1,580,000 | | 1,580,000 |

*** = ₩200,000 + ₩500,000 + ₩160,000

∴ 총원가비례배분법으로 조정할 기말제품원가=

$$₩720,000 + ₩100,000 \times \frac{₩720,000}{₩420,000 + ₩720,000 + ₩860,000} = ₩756,000$$

**[5-14]** ④

| 직접재료 | |
|---|---|
| 10,000 | 280,000 |
| 285,000*** | 15,000 |
| 295,000 | 295,000 |

| 재공품 | | |
|---|---|---|
| 직접재료원가 | 280,000** | |
| 직접노무원가 | 250,000 | |
| 제조간접원가 | 120,000* | |
| | 650,000 | 650,000 |

* = 20,000×6=120,000

** = 650,000−250,000−120,000=280,000

*** = 280,000+15,000−10,000=285,000

**[5-15]** ②

| 제조간접원가 | |
|---|---|
| 실제 | 배부액 |
| ₩22,100 | ₩450×₩52*<br>=₩23,400 |

$$* \text{ 제조간접원가 예정배부율} = \frac{₩192,400}{3,700} = ₩52$$

## 주관식

**[5-1]**

배부차이=실제−예정배부

=₩59,000−₩36,000×150%

=₩5,000 과소배부

## [5-2]

재공품

| 기초 | ₩4,000 | 제품 | ₩48,000 |
|---|---|---|---|
| 직접재료원가 | ₩24,000 | 기말(#5) | ₩8,800 |
| 직접노무원가 | ₩16,000 | | |
| 제조간접원가 | ₩12,800 | | |
| | ₩56,800 | | ₩56,800 |

| | | | |
|---|---|---|---|
| #5 | 직접재료원가 | ₩5,200 | 역산 |
| | 직접노무원가 | ₩2,000 | |
| | 제조간접원가 | ₩2,000 × 80% = ₩1,600 | |
| | | ₩8,800 | |

## [5-3]

제조간접원가 예정배부율 : $\frac{₩10,000,000}{₩5,000,000} = ₩2$

| | |
|---|---|
| 실제발생액 | ₩10,120,000 |
| 예정배부액 | ₩5,800,000 × ₩2 = ₩11,600,000 |
| 과대배부액 | ₩1,480,000 |

1. 매출원가조정법

₩9,272,000 − ₩1,480,000 = ₩7,792,000

2. 총원가비례법

$₩9,272,000 - ₩1,480,000 \times \frac{₩9,272,000}{₩6,344,000 + ₩8,784,000 + ₩9,272,000}$

= ₩8,709,600

3. 원가요소비례법

$₩9,272,000 - ₩1,480,000 \times \frac{₩2,320,000}{₩1,450,000 + ₩2,030,000 + ₩2,320,000}$

= ₩8,680,000

※ 제조간접원가는 직접노무원가에 비례하여 배부하므로 직접노무원가 비율과 같다.

## [5-4]

재공품

| | | | |
|---|---|---|---|
| 기초 | ₩700,000 | ①제품 | ₩3,460,000 |
| ②원재료 | ₩1,790,000 | 기말 | ₩400,000 |
| 직접노무원가 | $x$ | | |
| ③직접제조경비 | ₩590,000 | | |
| 제조간접원가 | $0.5x$ | | |
| | ₩3,860,000 | | ₩3,860,000 |

제품

| | | | |
|---|---|---|---|
| 기초 | ₩750,000 | 매출원가 | ₩3,660,000 |
| ①재공품 | ₩3,460,000 | 기말 | ₩550,000 |
| | ₩4,210,000 | | ₩4,210,000 |

① 당기 제품제조원가 : ₩4,210,000 − ₩750,000 = ₩3,460,000

② 당기 원재료원가 : ₩500,000 + ₩1,890,000 − ₩600,000 = ₩1,790,000

③ 당기 직접제조경비 : 외주가공비 ₩180,000 + ₩100,000 − ₩80,000 = ₩200,000

설계비 ₩460,000 − ₩150,000 + ₩80,000 = ₩390,000

₩590,000

$x$ = 직접노무원가이면 제조간접원가는 $0.5x$이므로

$x + 0.5x$ = ₩3,860,000 − (₩700,000 + ₩1,790,000 + ₩590,000)

$1.5x$ = ₩780,000

∴ $x$ = ₩520,000

제조간접원가(예정배부) : ₩520,000 × 0.5 = ₩260,000

배부차이 : 실제 ₩300,000 − 예정배부 ₩260,000 = ₩40,000 과소배부

## [5-5]

L = 직접노무원가이면 L = (L + ₩80,000) × 50% 따라서 L = ₩80,000

제조간접원가 예정배부액 = ₩80,000 × 100% = ₩80,000

배부차이 = ₩80,000 − ₩80,000 = 0

매출원가 = ₩450,000 × (1 − 30%) = ₩315,000

각각의 계정분석이 어려우므로 재고자산 전체에 대해 분석한다.

직접재료 + 재공품 + 제품

| | | | |
|---|---|---|---|
| 기초 | ₩120,000 | 매출원가 | ₩315,000 |
| 직접재료매입 | ₩100,000 | 기말 | ₩65,000 |
| 직접노무원가 | ₩80,000 | | |
| 제조간접원가예정배부 | ₩80,000 | | |
| | ₩380,000 | | ₩380,000 |

기말재고자산 ₩65,000

## [5-6]

당기제품제조원가

= 기초재공품 + 직접재료원가 + 직접노무원가 + 제조간접원가 − 기말재공품

= ₩18,000 + ₩52,000 + ₩40,000 + ₩40,000 × 150% − ₩14,600* = ₩155,400

* : 기말재공품 = #705의 직접재료원가 + 직접노무원가 + 제조간접원가

= ₩5,600 + ₩3,600 + ₩3,600 × 150% = ₩14,600

## [5-7]

1. 완성제품원가

재공품

| | | | |
|---|---|---|---|
| 전월이월 | ₩45,000 | 제품 | ₩434,000 |
| 직접재료원가 | ₩200,000 | 차월이월[a)] | ₩53,000 |
| 직접노무원가 | ₩110,000 | | |
| 제조간접원가(배부) | ₩132,000 | | |
| | ₩487,000 | | ₩487,000 |

a) ₩20,000 + ₩15,000 + (₩15,000 × 120%) = ₩53,000

2. 과대(소) 제조간접원가 배부차액

배부차액 = 실제발생액 − 배부액 = ₩120,000 − (₩110,000 × 120%)

= ₩120,000 − ₩132,000 = ₩12,000(과대배부)

## [5-8]

배부차이 = 배부액 − 제조간접원가발생액

$$= 420{,}000\text{시간} \times \frac{₩1{,}020{,}000}{400{,}000} - ₩1{,}080{,}000 = -₩9{,}000$$

∴ ₩9,000 과소배부

## [5-9]

1. 제조간접원가 배부액

제조간접원가 배부율 = ₩75,000 / 25,000시간 = ₩3/시간

제조간접원가 배부액 = 22,500시간 × ₩3 = ₩67,500

2. 제조간접원가 실제발생액

₩12,000 + ₩21,000 + ₩3,750 + ₩24,000 = ₩60,750

3. 조정후 매출원가

배부차이 : ₩67,500 − ₩60,750 = ₩6,750(과대배부)

조정후 매출원가 : ₩123,000 − ₩6,750 = ₩116,250

## [5-10]

재고자산에 배부되는 배부차이:

₩150,000 × (₩90,000 + ₩230,000) ÷ (₩680,000 + ₩90,000 + ₩230,000)

= ₩48,000

따라서 기말재고자산:

₩250,000 + ₩90,000 + ₩230,000 + ₩48,000

= ₩618,000

## [5-11]

1. 제조간접원가 예정배부율

조립부문 = ₩945,000 / ₩630,000 = ₩1.5/직접노무원가 ₩1

기계부문 = ₩144,000 / 12,000시간 = ₩12/시간

2. #101의 제조간접원가

조립부문 = ₩75,000 × ₩1.5 = ₩112,500

기계부문 = 1,500시간 × ₩12 = ₩18,000

₩130,500

## [5-12]

1. 배부차이 조정금액

| 기말재공품 | 기말제품 | 매출원가 |
|---|---|---|
| ₩120,000 | ₩65,000 | ₩815,000 |
| ÷ (₩120,000 + ₩65,000 + ₩815,000) | | |
| = 0.12 | = 0.065 | = 0.815 |
| × ₩50,000 | × ₩50,000 | × ₩50,000 |
| ₩6,000 | ₩3,250 | ₩40,750 |

2. 배부차이 조정분개

| | | | | | |
|---|---|---|---|---|---|
| (차) | 매출원가 | ₩40,750 | (대) | 제조간접원가 | ₩50,000 |
| | 제품 | ₩3,250 | | | |
| | 재공품 | ₩6,000 | | | |

## [5-13]

1. 공장전체 제조간접원가 배부율 총제조원가

공장전체 제조간접원가 배부율 = ₩120,000 / ₩180,000 = 직접노무원가의 $\frac{2}{3}$

총제조원가 = ₩2,250 + ₩945 + (₩945 × $\frac{2}{3}$) = ₩3,825

2. 부문별 제조간접원가 배부율 총제조원가

부문별 제조간접원가 배부율　　A부문 = ₩15,000 / ₩60,000 = ₩0.25

B부문 = ₩60,000 / ₩30,000 = ₩2

C부문 = ₩45,000 / ₩90,000 = ₩0.5

총제조원가 = ₩2,250 + ₩945 + (₩300 × ₩0.25) + (₩285 × ₩2) + (₩360 × ₩0.5)

= ₩4,020

3. 공장전체 제조간접원가 배부율 제조간접원가 과대(과소)배부액

예정배부액 = ₩202,500 × $\frac{2}{3}$ = ₩135,000

실제발생액 = 130,500

∴ 배부차이 = ₩135,000 − ₩130,500 = ₩4,500(과대배부)

4. 부문별 제조간접원가 배부율 제조간접원가 과대(과소)배부액

| | 예정배부액 | 실제발생액 | 배부차이 |
|---|---|---|---|
| A부문 | ₩66,000 × ₩0.25 = ₩16,500 | ₩18,000 | ₩1,500(과소배부) |
| B부문 | ₩28,500 × ₩2 = ₩57,000 | ₩54,000 | ₩3,000(과대배부) |
| C부문 | ₩108,000 × ₩0.5 = ₩54,000 | ₩58,500 | ₩4,500(과소배부) |
| | | | ₩3,000(과소배부) |

## [5-14]

재공품

| 차변 | 금액 | 대변 | 금액 |
|---|---|---|---|
| 기초(#106) | ₩30,000 | 제품 | ₩350,000 |
| 직접재료원가 | ? | 기말(#125) | ₩20,000 |
| 직접노무원가 | ? | | |
| 제조간접원가 | ₩80,000 | | |
| | | | ₩370,000 |

- 당기 총제조원가 = ₩370,000 − ₩30,000 = ₩340,000
- 당기 직접노무원가 = ₩80,000/₩0.8 = ₩100,000
- 따라서 당기 직접재료원가 = ₩160,000

| | | |
|---|---|---|
| 기말재공품의 | 직접재료원가 | ₩7,400 |
| | 직접노무원가 | $x$ |
| | 제조간접원가 | $0.8x$ |
| | | ₩20,000 |

따라서 직접노무원가($x$) = ₩7,000

제조간접원가 = ₩7,000 × 0.8 = ₩5,600

[5–15]

재 공 품

| | | | |
|---|---|---|---|
| 기초 | 0 | 당기제품제조원가 | ₩976,000 |
| 직접재료원가 | ₩380,000 | | |
| 직접노무원가 | ₩360,000 | | |
| 제조간접원가 | ₩480,000 | 기말 | ₩244,000 |
| | ₩1,220,000 | | ₩1,220,000 |

1. ₩1,220,000 − ₩976,000 = ₩244,000
2. kg당 원가 = $\left(₩380,000 \times \frac{₩976,000}{₩1,220,000}\right) \div (80,000\text{단위} \times 2\text{kg}) = ₩1.9$

■ 별해

1법 : $\left(₩976,000 \times \frac{₩380,000}{₩1,220,000}\right) \div (80,000\text{단위} \times 2\text{kg}) = ₩1.9$

2법 : $\left(₩380,000 - ₩244,000 \times \frac{₩380,000}{₩1,220,000}\right) \div (80,000\text{단위} \times 2\text{kg})$

$= ₩1.9$

기말직접재료원가 = ₩437,000 − ₩380,000 = ₩57,000

기말직접재료수량 = ₩57,000 ÷ ₩1.9 = 30,000kg

3. 기말제품재고액 $6,000\text{단위} \times \frac{₩976,000}{80,000\text{단위}} = ₩73,200$
4. 조정전 매출원가 = ₩15,000 + ₩976,000 − ₩73,200 = ₩917,800

제조간접원가

| | | | |
|---|---|---|---|
| 실제 | ₩541,000 | 배부(재공품) | ₩480,000 |

∴ 부족배부액 = ₩541,000 − ₩480,000 = ₩61,000

매출원가조정법:

₩917,800 + ₩61,000 = ₩978,800

## 객관식

**[6-1]** ⑤

활동원가계산은 전통적인 원가계산에서 제품의 제조원가를 직접재료원가, 직접노무원가, 제조간접원가로 분류하는 것과는 달리 활동분석을 통해 재료관련활동원가, 노무관련활동원가, 구매활동원가, 설비재조정활동원가 등으로 구분한다.

**[6-2]** ③

공장시설관리, 환경관리, 안전유지관리는 공장수준의 활동원가 분류이다.

**[6-3]** ⑤

ABC는 생산과 판매에 자신있는 제품의 이익이 낮고, 생산과 판매에 자신없는 제품의 이익이 높은 경우에 적용하면 그 효과가 크다.

**[6-4]** ③

활동기준원가계산의 절차는 '활동분석 및 활동중심점 설정→활동별 원가집계→활동별 원가동인선택→활동별 배부율계산→제조간접원가 배부'의 순서로 이루어진다.

**[6-5]** ④

입고처리원가배분비율은 다음과 같다.

| 구 분 | 원목옷장 | 자개옷장 |
|---|---|---|
| 현재 사용하고 있는 원가배분방법 | 80%* | 20% |
| 새로운 원가계산방법 | 62.5%** | 37.5% |

* 20,000×₩500/(20,000×₩500+1,000×₩2,500)=80%

** 12×5/(12×5+12×3)=62.5%

새로운 원가계산방법이 원목옷장에 입고처리원가배분비율을 감소(80% → 62.5%)시켜 원목옷장의 원가가 감소한다.

**[6-6]** ②

①의 기계작동시간은 대개 생산량과 비례하며, ③의 제품설계원가는 제품유무와 관련된다. ④의 기계작업준비원가(setup costs)는 대개 준비회수와 비례하며 ⑤의 소모품원가는 제품생산량과 밀접한 관계가 있다. ②의 검사원가는 검사가 묶음수준으로 이루어진다면 검사회수에 비례할 것이나, 제품전량에 대해 이루어진다고 하였으므로 단위수준원가이다.

**[6-7]** ②

단위당 가공원가 = ₩10 × 200 + ₩120 × 10 + ₩75 × 20 + ₩100 × 5 = ₩5,200

(₩50,000 − ₩5,200 − 단위당직접재료원가) × 50 = ₩1,500,000

단위당 직접재료원가 = ₩14,800

**[6-8]** ②

| | | |
|---|---|---|
| 매출액 | 20회 × ₩20,000 | ₩400,000 |
| 매출원가 | ₩400,000 × 75% | 300,000 |
| 고객주문처리비 | (₩1,200,000 × 20% + ₩800,000 × 40%) × 20회/500회 | 22,400 |
| 고객관계관리비 | (₩1,200,000 × 80% + ₩800,000 × 60%) × 1명/50명 | 28,800 |
| 영업이익 | | ₩48,800 |

**[6-9]** ⑤

| | 활 동 | 원 가 | 원가동인 | 배부율 | X제품 |
|---|---|---|---|---|---|
| 변경 전 | 엔지니어링 변경 | ₩12,000 | 20 | 600 | ₩8,400 |
| 변경 후 | 엔지니어링 변경 | 12,000 | 3,000 | 4 | 4,000 |

∴ 배부기준을 변경하면 X제품에 ₩4,400 과소배부된다.

**[6-10]** ③

직접노무시간을 배부기준으로 하면 제품 A에 배부되는 제조간접원가는 제품 B의 10배(150 : 15)이다. 그러나 ABC를 적용하면 이보다 적은 제조간접원가가 배부되어 단위당 원가가 낮아진다.

**[6-11]** ⑤

기계시간당 기계절삭작업원가 = ₩100,000 ÷ (2,240 + 3,380 + 4,380) = ₩10

조립시간당 조립작업원가 = ₩80,000 ÷ (330 + 660 + 1,010) = ₩40

품질검사횟수당 품질검사원가 = ₩40,000 ÷ (12 + 13 + 15) = ₩1,000

제품 A의 활동원가 = (2,240 × 10 + 330 × 40 + 12 × 1,000) ÷ 1,500 = ₩31.73

제품 B의 활동원가 = (3,380 × 10 + 660 × 40 + 13 × 1,000) ÷ 1,000 = ₩73.2

제품 C의 활동원가 = (4,380 × 10 + 1,010 × 40 + 15 × 1,000) ÷ 500 = ₩198.4

**[6–12]** ⑤

| | B가공원가 |
|---|---|
| 재료처리 | ₩6,000,000 $\times \frac{5,000}{8,000}$ = ₩3,750,000 |
| 선반작업 | ₩3,000,000 $\times \frac{800}{2,000}$ = ₩1,200,000 |
| 연마작업 | ₩1,500,000 $\times \frac{350}{500}$ = ₩1,050,000 |
| 조립작업 | ₩1,000,000 $\times \frac{1,000}{2,000}$ = ₩500,000 |
| 합 계 | ₩6,500,000 |
| 단위당 가공원가 | ₩6,500,000 ÷ 5,000 = ₩1,300 |
| 제품B의 단위당제조원가 | ₩3,000 + ₩1,300 = ₩4,300 |

**[6–13]** ③

| | |
|---|---|
| 기계가동(기계시간) | ₩84,000 $\times \frac{2,000}{2,000+3,000}$ = ₩33,600 |
| 엔지니어링(작업시간) | ₩60,000 $\times \frac{500}{500+700}$ = ₩25,000 |
| 품질검사(품질검사 횟수) | ₩41,000 $\times \frac{10}{10+15}$ = ₩16,400 |
| 총활동원가 | ₩75,000 |

**[6–14]** ①

매 출 액　300 × ₩90.7 = ₩27,210

− 매출원가 (300 × ₩27.7* + ₩15,330**)

매출총이익　₩3,570

* 단위당 직접제조원가 = ₩27.7

(₩직접재료원가: 15.5, ₩직접노무원가: 12.2)

** MOH

| | |
|---|---|
| 조립 | ₩450,000/37,500×850=₩10,200 |
| 구매주문 | ₩32,000/1,000×90=₩2,880 |
| 품질검사 | ₩120,000/1,600×30=₩2,250 |
| 합 계 = | ₩15,330 |

**[6–15]** ⑤

<활동별 간접원가>

| | 주문처리 | 고객대응 |
|---|---|---|
| 급여 | ₩500,000×0.6 | ₩500,000×0.4 |
| 임대료 | ₩200,000×0.5 | ₩200,000×0.5 |
| 통신비 | ₩120,000×0.7 | ₩120,000×0.3 |
| | ₩484,000 | ₩336,000 |
| 주문처리 | ÷1,600회 | ÷120명 |
| | ₩302.5 | ₩2,800 |

갑: 10회 주문처리+고객대응 1명

₩302.5×10회+₩2,800×1명

=₩5,825

## 주관식

**[6–1]**

| | |
|---|---|
| 활동 1 : ₩20,000÷(100+400)=₩40 | 100×₩40=₩ 4,000 |
| 활동 2 : ₩37,000÷(800+200)=₩37 | 800×₩37= 29,600 |
| 활동 3 : ₩91,200÷(800+3,000)=₩24 | 800×₩24= 19,200 |
| | ₩52,800 |

∴ 갑 제품의 단위당 제조간접원가=₩52,800÷8,000=₩6.6

**[6–2]**

• 활동별 배부율 :

세척 $\frac{₩200,000}{100,000}$=₩2, 압착 $\frac{₩900,000}{45,000}$=₩20, 분쇄 $\frac{₩546,000^{*}}{21,000}$=₩26

* 변동원가만 계산

• X제품배부액

| | | |
|---|---|---|
| 세척 | ₩2×20= | ₩40 |
| 압착 | ₩20×30= | ₩600 |
| 분쇄 | ₩26×10= | ₩260 |
| 계 | | ₩900 |

• 단위당 공헌이익 : ₩2,000－(300＋900)＝₩800

## [6-3]

• 활동별 배부율

생산준비 ₩ 20,000÷1,000시간=₩20

재료처리 ₩ 30,000÷2,000회=₩15

기계사용 ₩500,000÷20,000시간=₩25

품질관리 ₩100,000÷12,500회=₩8

수선유지 ₩ 40,000÷20,000시간=₩2

• 작업 A의 총원가

| | | |
|---|---|---|
| 기초원가 | | ₩300,000 |
| 제조간접원가 | | |
| 생산준비 | 30시간×₩20= | ₩600 |
| 재료처리 | 56회×₩15= | ₩840 |
| 기계사용 | 4,000시간×₩25= | ₩100,000 |
| 품질관리 | 70회×₩8= | ₩560 |
| 수선유지 | 4,000시간×₩2= | ₩8,000 |
| | | ₩410,000 |

## [6-4]

• 지금까지의 방법 : ₩700,000×180%÷5,000개=₩252

• 활동기준원가계산 :

| | | |
|---|---|---|
| 기계셋업 | 5,000개÷500개×10시간×₩500= | ₩ 50,000 |
| 제품시험 | 5,000개×3시간×₩40= | ₩600,000 |
| 제품포장 | 5,000개×0.5시간×₩100= | ₩250,000 |
| | | ₩900,000 |

단위당 제조간접원가 : ₩900,000÷5,000개=₩180

• 단위당 감소액 : ₩252－₩180=₩72

## [6-5]

• 전통적 방법

총제조간접원가 : ₩150,000×8 = ₩1,200,000

단위당 제조간접원가 : ₩1,200,000÷50 = ₩24,000

• 활동기준방법

| 활 동 | 배부액 |
|---|---|
| 재료취급 | 1,000×₩1,000 |
| 조 립 | 8×₩40,000 |
| 검 사 | 15×₩10,000 |
| 합 계 | ₩1,470,000 |
| | ÷ 50 |
| 단위당 제조간접원가 | ₩29,400 |

## [6-6]

• 각 활동별 원가동인수

| | A제품 | B제품 | 계 |
|---|---|---|---|
| 작업준비활동 | (6,000개÷500개)×15시간=180 | (2,000개÷100개)×10시간=200 | 380시간 |
| 품질검사활동 | (6,000개×4분)÷60분=400 | (2,000개×15분)÷60분=500 | 900시간 |
| 포장활동 | 6,000개 | 2,000개 | 8,000개 |

• 각 활동별 원가집계

| | | |
|---|---|---|
| 작업준비활동 | 380×₩1,800 = ₩684,000 | |
| 품질검사활동 | 900×₩400 = ₩360,000 | |
| 제품포장활동 | ₩400,000 | (역산) |
| 총제조간접원가 | ₩1,444,000* | |

* (₩1,200,000+₩605,000)×0.8=₩1,444,000

## [6-7]

• 원가동인수량의 추정

| | 고급형 | 일반형 | 계 |
|---|---|---|---|
| 묶 음 수 | 5,000÷25=200 | 40,000÷100=400 | 600 |
| 주문횟수 | 200÷2=100 | 400÷2=200 | 300 |
| 검사기간 | 200×2=400 | 400×2.75=1,100 | 1,500 |

• 고급형에 배분될 제조간접원가

| 활 동 | 원가동인별 배부율 | 고급형 |
|---|---|---|
| 구매주문 | ₩84,000 ÷ 300 = ₩280 | 100 × ₩280 = ₩28,000 |
| 설계변경 | ₩216,000 ÷ 900 = ₩240 | 300 × ₩240 = ₩72,000 |
| 제품검사 | ₩450,000 ÷ 1,500 = ₩300 | 400 × ₩300 = ₩120,000 |
| 공장관리 | ₩1,250,000 ÷ 50,000 = ₩25 | 20,000 × ₩25 = ₩500,000 |
| 계 | | ₩720,000 |

## [6-8]

1. 제조간접원가 배부율 = ₩30,000/400시간 = ₩75/시간

| | 부품A | 부품B |
|---|---|---|
| 직접재료원가 | ₩40,250 | ₩60,000 |
| 직접노무원가 | ₩10,290 | ₩11,460 |
| 제조간접원가 | ₩75 × 220시간 = ₩16,500 | ₩75 × 180시간 = ₩13,500 |
| 합 계 | ₩67,040 | ₩84,960 |
| 생산수량 | 200개 | 400개 |
| 단위당 원가 | ₩335.2 | ₩212.4 |

2.

| | 부품A | | 부품B | |
|---|---|---|---|---|
| 직접재료원가 | | ₩40,250 | | ₩60,000 |
| 직접노무원가 | | ₩10,290 | | ₩11,460 |
| 제조간접원가 | | | | |
| 기계관련 | ₩5 × 760시간 | ₩3,800 | ₩5 × 600시간 | ₩3,000 |
| 가동준비 | ₩3 × 1,980회 | ₩5,940 | ₩3 × 2,500회 | ₩7,500 |
| 검 사 | ₩8 × 150시간 | ₩1,200 | ₩8 × 350시간 | ₩2,800 |
| 조 립 | ₩6 × 400시간 | ₩2,400 | ₩6 × 500시간 | ₩3,000 |
| 재료처리 | ₩12 × 10개 | ₩120 | ₩12 × 20개 | ₩240 |
| 합 계 | | ₩64,000 | | ₩88,000 |
| 생 산 수 량 | | 200개 | | 400개 |
| 단위당 원가 | | ₩320 | | ₩220 |

## [6-9]

1) 활동별 배부율

재료이동 = ₩1,512,000 ÷ 630회 = ₩2,400

조립작업 = ₩7,000,000 ÷ 1,400시간 = ₩5,000

도색작업 = ₩7,200,000 ÷ 9,000시간 = ₩800

품질검사 = ₩8,000,000 ÷ $(x+y)$ (∵ $x$ = 제품 A의 생산량, $y$ = 제품 B의 생산량)

2) 제품 B의 제조간접원가

① $₩23,712,000 \times \frac{x}{x+y} - (₩2,400 \times 400회 + ₩5,000 \times 600시간 + ₩800 \times 3,000시간 + \frac{₩8,000,000}{x+y} \times x) = ₩3,460,000$

$\therefore \frac{x}{x+y} = 0.625, \quad \frac{y}{x+y} = 0.375$

② $₩2,400 \times 230회 + ₩5,000 \times 800시간 + ₩800 \times 6,000시간 + ₩8,000,000 \times \frac{y}{x+y}$

= ₩552,000 + ₩4,000,000 + ₩4,800,000 + ₩8,000,000 × 0.375

= ₩12,352,000

## [6-10]

• B의 점포운영비

| | | |
|---|---|---|
| 주문처리 | 25 × ₩100 = | ₩2,500 |
| 입고 | 36 × ₩80 = | ₩2,880 |
| 진열 | 166 × ₩20 = | ₩3,320 |
| 고객서비스 | 20,500 × ₩0.2 = | ₩4,100 |
| | | ₩12,800 |

• B의 영업이익 : ₩63,000 − ₩47,000 − ₩12,800 = ₩3,200

## [6-11]

1) 주문된 필름생산에 배부된 제조간접원가 총액

| 활 동 | 활동별 배부율 | 원가동인수 | 배부액 |
|---|---|---|---|
| 기계준비작업활동 | ₩2,000 | 4회 | ₩8,000 |
| 재료처리활동 | ₩5 | 10,000파운드 | ₩50,000 |
| 위험폐기물통제활동 | ₩5 | 2,000파운드 | ₩10,000 |
| 품질관리활동 | ₩75 | 10회 | ₩750 |
| 기타제조활동 | ₩10 | 500시간 | ₩5,000 |
| 합 계 | | | ₩73,750 |

• 필름 1상자당 제조간접원가 배부액 : ₩73,750/1,000 = ₩73.75

2) 기계시간당 제조간접원가 배부액 : ₩625,000/20,000 = ₩31.25

• 기계시간에 근거한 제조간접원가 배부

• 제조간접원가 배부 총액 : ₩31.25 × 500 = ₩15,625

• 1상자당 제조간접원가 배부액 : ₩15,625/1,000 = ₩15.625

## [6–12]

1.

| 활 동 | 활동별 제조간접원가 | A | B | C | 계 | 원가동인별 배부율 |
|---|---|---|---|---|---|---|
| ① 구매 및 검수 | ₩4,000,000 | 70회 | 90회 | 40회 | 200회 | ₩20,000 |
| ② 재료 처리 | ₩5,400,000 | 280,000개 | 240,000개 | 20,000개 | 540,000개 | ₩10 |

2. 일반적으로 소량생산제품은 제품설계의 복잡성으로 제품단위당 측면에서 더 많은 활동(예 : 기계작업준비시간과 품질검사시간)을 필요로 하고 작은 롯트규모로 생산되기 때문에 대량생산제품보다 더 많은 제조지령서를 필요로 하기 때문이다.

## [6–13]

자체 조사한 바에 의한 활동자료들은 다음과 같다.

| 활동 | 원가동인 | 활동수준 | |
|---|---|---|---|
| | | 리서치대행 | 경영자문 |
| 전산입력요원급여 | 근무시간 | 84시간 | 36시간 |
| 차량유지비 | 운행거리(km) | 400km | 200km |
| 인터넷사용비 | 사용시간 | 180시간 | 120시간 |
| 전산시스템 감가상각비 | 사용시간 | 600시간 | 200시간 |

1. 기존의 시스템하의 손익계산서

| | 리서치대행 | 경영자문 |
|---|---|---|
| 수익 | ₩120,000 | ₩280,000 |
| 비용 | 60건 × ₩1,200 = ₩72,000 | 140건 × ₩1,200 = ₩168,000 |
| 손익 | ₩48,000 | ₩112,000 |
| 이익률 | 40% | 40% |

2. ABC 시스템의 손익계산서

| | 리서치대행 | 경영자문 |
|---|---|---|
| 수익 | ₩120,000 | ₩280,000 |
| 비용 | | |
| 전산입력요원급여 | ₩80,000×84/120=₩56,000 | ₩80,000×36/120=₩24,000 |
| 차량유지비 | ₩48,000×400/600=₩32,000 | ₩48,000×200/600=₩16,000 |
| 인터넷사용비 | ₩72,000×180/300=₩43,200 | ₩72,000×120/300=₩28,800 |
| 전산감가상각비 | ₩40,000×600/800=₩30,000 | ₩40,000×200/800=₩10,000 |
| 손익 | (₩41,200) | ₩201,200 |
| 이익률 | −34.3% | 71.9% |

3. 기존시스템에서 리서치대행은 경영자문과 동일한 이익률을 보였지만, ABC를 적용하였을 때 리서치대행은 오히려 −34.3%의 이익률을 보이고 있음. 따라서 리서치대행에 대한 가격조정 혹은 원가절감, 리서치 대행 사업중단 등에 대한 고려를 해야 할 것임.

## [6-14]

1. 각 활동별 예정배부율

| 활 동 | 활동별 배부율 |
|---|---|
| 생산준비 | ₩148,000/40,000회=₩3.7 |
| 재료처리 | ₩202,000/100,000개=₩2.02 |
| 조립 | ₩300,000/30,000시간=₩10 |
| 검사 | ₩150,000/20,000회=₩7.5 |

2. 제조간접원가 차이분석

| 활동 | 실제발생액 | 배부차이 | 배부액 |
|---|---|---|---|
| 생산준비 | ₩150,000 | ₩150 과소배부 | ₩3.7×40,500=₩149,850 |
| 재료처리 | ₩212,000 | ₩10,200 과대배부 | ₩2.02×110,000=₩222,200 |
| 조립 | ₩310,000 | ₩5,000 과대배부 | ₩10×31,500=₩315,000 |
| 검사 | ₩155,000 | ₩2,500 과대배부 | ₩7.5×21,000=₩157,500 |
| 합계 | ₩827,000 | ₩17,550 과대배부 | ₩844,550 |

## [6-15]

1. 전통적 제품원가

   • 제조간접원가 예정배부율 : ₩20,000,000/(8,000×₩800+50,000×₩500)≒₩0.64

| | 전문가용 | 일반형 |
|---|---|---|
| 직접재료원가 | ₩8,000 | ₩6,000 |
| 직접노무원가 | ₩800 | ₩500 |
| 제조간접원가 | ₩512 | ₩320 |
| 합계 | ₩9,312 | ₩6,820 |

2. ① 활동별 제조간접원가 배부율

| 활 동 | 배부율 |
|---|---|
| 매입활동 | ₩4,000,000/800 = ₩5,000 |
| 부품관리 | ₩10,000,000/200,000 = ₩50 |
| 제품검사 | ₩6,000,000/1,500 = ₩4,000 |

② ABC를 이용한 제품원가

| | 전문가용 | 일반형 |
|---|---|---|
| 매입활동 | ₩1,500,000 | ₩2,500,000 |
| 부품관리 | ₩2,500,000 | ₩7,500,000 |
| 제품검사 | ₩2,000,000 | ₩4,000,000 |
| 합계 | ₩6,000,000 | ₩14,000,000 |
| | 8,000개 | 50,000개 |
| | ₩750 | ₩280 |

③ 단위당 제조원가

| | 전문가용 | 일반형 |
|---|---|---|
| 직접재료원가 | ₩8,000 | ₩6,000 |
| 직접노무원가 | ₩800 | ₩500 |
| 제조간접원가 | ₩750 | ₩280 |
| | ₩9,550 | ₩6,780 |

# 제 7 장 종합원가계산



## 객관식

**[7-1]** ①

개별작업별로 원가를 집계하여 정확한 원가계산을 하는 것은 개별원가계산이다.

**[7-2]** ①

종합원가계산에서 재료원가와 가공원가로 구분하는 이유는 재료원가와 가공원가의 투입시점이 다르기 때문이다. 따라서 재료원가와 가공원가의 투입시점이 같다면 굳이 재료원가와 가공원가를 구분하는 실익이 없다.

**[7-3]** ②

전기 작업분을 포함한 평균개념은 가중평균법이다.

**[7-4]** ④

선입선출법이 당기의 성과를 이전의 기간과 독립적으로 평가할 수 있는 보다 적절한 기회를 제공한다.

**[7-5]** ⑤

원가흐름의 가정에 따라 당기제품제조원가와 기말재공품의 수량과 완성품환산량 단위당 원가 모두가 영향을 받는다.

**[7-6]** ④

가중평균법 : (기초재공품원가 + 당기투입원가) / 완성품환산량

선입선출법 : 당기투입원가 / 완성품환산량

**[7-7]** ②

- 완성품환산량
  - 직접재료원가 : 1,800단위 − 300단위 + 250단위 = 1,750단위
  - 가공원가 : 1,800단위 − 300단위 × 70% + 250단위 × 60% = 1,740단위
- 단위당 원가
  - 직접재료원가 : ₩52,500/1,750단위 = ₩30
  - 가공원가 : ₩69,600/1,740단위 = ₩40

**[7-8]** ③

- 가공원가의 완성품환산량 :
  18,000단위 − 2,500단위 × 40% + 3,800단위 × 60% = 19,280단위
- 가공원가의 당기 투입액 : 19,280단위 × ₩60 = ₩1,156,800
- 가공원가 중 제조간접원가 예정배부액 = ₩1,156,800 − ₩406,800 = ₩750,000
- 제조간접원가 예정배부율 = ₩750,000/2,500시간 = ₩300

**[7-9]** ④

| 1. 물량파악 | | 2. 완성품 환산량 | |
|---|---|---|---|
| | | 재료원가 | 가공원가 |
| 기초재공품 | 0 | | |
| 당기착수 | 4,000 | | |
| 총투입량 | 4,000 | | |
| 완성품 | 3,000 | 3,000 | 3,000 |
| 기말재공품 | 1,000(50%) | 1,000 | 500 |
| 총산출량 | 4,000 | 4,000 | 3,500 |

**[7-10]** ③

제품 완성량 : 125,000단위 + 30,000단위 − 37,500단위 = 117,500단위

가공원가 완성품 환산량 : 117,500단위 + 8,000단위 × 75% = 123,500단위

## [7-11] ③

| 1. 물량파악 | | 2. 완성품 환산량 재료원가 | 가공원가 |
|---|---|---|---|
| 기 초 재 공 품 | 300(70%) | | |
| 당 기 착 수 | 1,500 | | |
| 총 투 입 량 | 1,800 | | |
| 완 성 품 | 1,200 | 1,200 | 1,200 |
| 기 말 재 공 품 | 600(70%) | 600 | 240 |
| 총 산 출 량 | 1,800 | 1,800 | 1,440 |

## [7-12] ③

| | | | | | | 재료원가 | 가공원가 |
|---|---|---|---|---|---|---|---|
| 기초 | 1,000 | (0.4) | 기초완성 | 1,000 | | 0 | 600 |
| | | | 착수완성 | 29,500 | | 29,500 | 29,500 |
| 착수 | 30,000 | | 기말 | 500 | (0.8) | 500 | 400 |
| | 31,000 | | | 31,000 | | 30,000 | 30,500 |
| | | | | | | ₩8 | ₩10 |

완성품원가 : ₩9,000 + ₩12,000 + 29,500단위 × ₩8 + 30,100단위 × ₩10 = ₩558,000

## [7-13]~[7-14] ①, ②

| | | |
|---|---|---|
| 2,500 | | 2,500 |
| 3,500 | | 1,500 |
| | ① | 1,000 |
| | ② | 1,000 |
| 6,000 | | 6,000 |

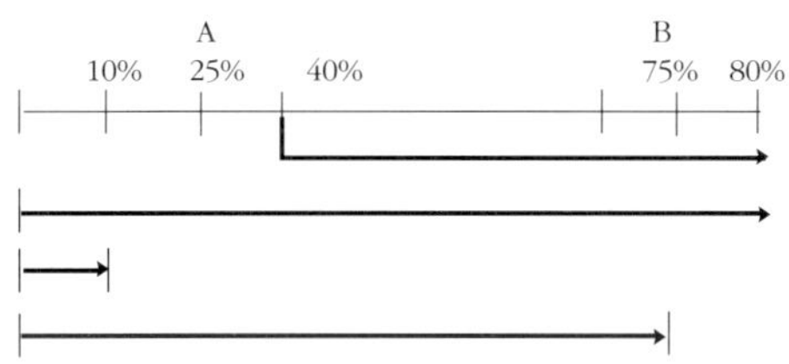


| I. | | II A재료원가 | B재료원가 | 가공원가 | 계 |
|---|---|---|---|---|---|
| 완성 | 2,500 | −0− | 2,500 | 1,500 | |
| | 1,500 | 1,500 | 1,500 | 1,500 | |
| 기말 | ① 1,000 | −0− | −0− | 100 | |
| | ② 1,000 | 1,000 | 1,000 | 800 | |
| | 6,000 | 2,500 | 5,000 | 3,900 | |

Ⅲ.

| | | | | |
|---|---|---|---|---|
| 기초재공품 | | | | ₩ 700,000 |
| 당기투입 | ₩500,000 | ₩600,000 | ₩1,170,000 | 2,270,000 |
| | | | | ₩2,970,000 |
| Ⅳ. 환산량 단위원가 | ÷2,500 | ÷5,000 | ÷3,900 | |
| | ₩200 | ₩120 | ₩300 | ₩620 |

| | | |
|---|---|---|
| Ⅴ. 완성품원가 | | ₩700,000 |
| | 2,500×₩120+1,500×₩300= | 750,000 |
| | 1,500×₩620= | 930,000 |
| | | ₩2,380,000 |
| 기말재공품원가 | ① 100×₩300= | 30,000 |
| | ② 1,000×₩200+1,000×₩120+800×₩300= | 560,000 |
| | | ₩2,970,000 |

**[7-15]** ④

| 물량흐름 | | | | | 완성품환산량 |
|---|---|---|---|---|---|
| 월초 | 1,000 | 월초완성 | 1,000 | | 310 |
| | | 착수완성 | 4,200 | | 4,200 |
| 착수 | 4,500 | 월말 | 300 | (0.3) | 90 |
| | 5,500 | | 5,500 | | 4,600 |

1,000×(1－P)＝310

∴ P＝69%

## 주관식

**[7-1]**

| | 가공원가 완성품환산량 |
|---|---|
| 월초완성 | 4,200 |
| 착수완성 | 6,000 |
| 월말재고 | 1,000 |
| | 11,200 |

당월 가공원가 완성품환산량 단가 : ₩97,440,000÷11,200＝₩8,700

∴ 월말재고 가공원가 : 1,000단위×₩8,700＝₩8,700,000

## [7-2]

| | 완성품환산량 |
|---|---|
| 완 성 품 | 4,800 |
| 기말재공 | ? |
| | ? |

| 가공원가 | | | |
|---|---|---|---|
| 월초 | 1,900,000 | 완성 | 19,200,000 |
| 당월 | 18,100,000 | 월말 | 800,000 |
| | 20,000,000 | | 20,000,000 |

가공원가 완성품환산량 단위당 원가 : ₩19,200,000 ÷ 4,800단위 = ₩4,000

∴ 월말재공품 가공원가 완성품환산량 : ₩800,000 ÷ ₩4,000 = 200단위

## [7-3]

| | 완성품환산량 |
|---|---|
| 완 성 품 | ? |
| 기말재공 | 3,000 |
| | 9,000 |

| 재료원가 | | | |
|---|---|---|---|
| 월초 | 4,200,000 | 완성 | |
| 당월 | 9,300,000 | 월말 | 4,500,000 |
| | 13,500,000* | | 13,500,000 |

*재료원가 완성품환산량 단위당 원가 : ₩4,500,000 ÷ 3,000단위 = ₩1,500
재료원가 총액 : 9,000단위 × ₩1,500 = ₩13,500,000

∴ 당월 발생 재료원가 = ₩13,500,000 − ₩4,200,000 = ₩9,300,000

## [7-4]

1) 물량흐름

| 재공품 | | | |
|---|---|---|---|
| 기초재공품수량 | 600개 | 기초재공품완성량 | 600개 |
| 당기착수량 | 5,000개 | 당기착수완성량 | 4,000개 |
| | | 기말재공품수량 | 1,000개 |
| 총투입량 | 5,600개 | 총산출량 | 5,600개 |

2) 완성품 환산량

| | 재료원가 | 가공원가 |
|---|---|---|
| 기초재공품완성량 | 0개 | 420개(600개×0.7) |
| 당기착수완성량 | 4,000개 | 4,000개 |
| 기말재공품 수량 | 1,000개 | 400개(1,000개×0.4) |
| 합계 | 5,000개 | 4,820개 |

**[7-5]**

A공정

| 기초재공품 | 500 | 당기완성 | 1,800 |
|---|---|---|---|
| 당기착수 | 1,500 | 기말재공품 | 200 |
| 총투입량 | 2,000 | 총산출량 | 2,000 |

B공정

| 기초재공품 | 1,000 | 당기완성 | 2,300 |
|---|---|---|---|
| 당기착수 | 1,800 | 기말재공품 | 500 |
| 총투입량 | 2,800 | 총산출량 | 2,800 |

| | A공정 | | B공정 | | |
|---|---|---|---|---|---|
| | 재료원가 | 가공원가 | 전공정대체원가 | 재료원가 | 가공원가 |
| 당기완성량 | 1,800 | 1,800 | 2,300 | 2,300 | 2,300 |
| 기말재공품 | 200 | 160(200개×0.8) | 500 | 500 | 300(500개×0.6) |
| 합 계 | 2,000 | 1,960 | 2,800 | 2,800 | 2,600 |

**[7-6]**

(1) 완성품환산량

① 재료원가 완성품환산량 : 기초재공품(600개×0%)+당기착수완성(900개×100%)
+기말재공품(300개×100%)=1,200개

② 가공원가 완성품환산량 : 기초재공품(600개×50%)+당기착수완성(900개×100%)
+기말재공품(300개×40%)=1,320개

(2) 환산량단위당원가

① 재료원가 환산량단위당원가 : ₩240,000/1,200개=₩200

② 가공원가 환산량단위당원가 : ₩330,000/1,320개=₩250

(3) 완성품원가 : ₩540,000+(900개×₩200)+(1,200개×₩250)=₩1,020,000

기말재공품원가=300개×₩200+120개×₩250=₩90,000

**[7-7]**

| 구분 | 가공 甲 | 가공 乙 |
|---|---|---|
| 제품A | $570,000 \times \frac{9,000}{19,000}$ = ₩270,000 | $1,300,000 \times \frac{9,000}{13,000}$ = ₩900,000 |
| 제품B | $570,000 \times \frac{4,000}{19,000}$ = ₩120,000 | $1,300,000 \times \frac{4,000}{13,000}$ = ₩400,000 |
| 제품C | $570,000 \times \frac{6,000}{19,000}$ = ₩180,000 | – |

∴ 제품B의 총제조원가=₩1,320,000+₩120,000+₩400,000
=₩1,840,000

∴ 단위당 제조원가=₩1,840,000/4,000개=₩460

## [7-8]

1) 물량흐름의 파악 :

재공품

| | | | |
|---|---|---|---|
| 기초재공품수량 | 1,000개 | 기초재공품완성량 | 1,000개 |
| 당기착수량 | 14,000개 | 당기착수완성량 | 10,000개 |
| | | 기말재공품수량 | 4,000개 |
| 총투입량 | 15,000개 | 총산출량 | 15,000개 |

2) 완성품 환산량 산출 :

| | 재료A | 재료B | 가공원가 |
|---|---|---|---|
| 기초재공품완성량 | 0 | 1,000 | 400 |
| 당기착수완성량 | 10,000 | 10,000 | 10,000 |
| 기말재공품 수량 | 4,000 | 0 | 2,000 |
| 합　계 | 14,000 | 11,000 | 12,400 |

3) 총제조원가 집계 :

| | 재료A | 재료B | 가공원가 |
|---|---|---|---|
| 당기발생원가 | ₩280,000 | ₩165,000 | ₩372,000 |

4) 완성품 환산량 단위당 원가계산 :

| | 재료A | 재료B | 가공원가 |
|---|---|---|---|
| 총제조원가 | ₩280,000 | ₩165,000 | ₩372,000 |
| 완성품 환산량 | 14,000 | 11,000 | 12,400 |
| 단위당 원가 | ₩20 | ₩15 | ₩30 |

5) 기말재공품 원가 :

| 재료A | 재료B | 가공원가 | 합계 |
|---|---|---|---|
| 4,000×₩20=₩80,000 | 0×₩15=0 | 2,000×₩30=₩60,000 | ₩140,000 |

## [7-9]

1) 물량흐름의 파악 :

재공품(조립공정)

| | | | |
|---|---|---|---|
| 기초재공품수량 | 800개 | 당기완성량 | 2,400개 |
| 당기착수량 | 2,000개 | 기말재공품수량 | 400개 |
| 총투입량 | 2,800개 | 총산출량 | 2,800개 |

2) 완성품 환산량 산출 :

| | 전공정대체원가 | 재료원가 | 가공원가 |
|---|---|---|---|
| 당기완성량 | 2,400개 | 2,400개 | 2,400개 |
| 기말재공품수량 | 400개 | 400개 | 400×0.7=280개 |
| 합 계 | 2,800개 | 2,800개 | 2,680개 |

3) 총제조원가 집계 :

| | 전공정대체원가 | 재료원가 | 가공원가 |
|---|---|---|---|
| 기초재공품 | ₩8,400 | ₩0 | ₩1,820 |
| 당기발생원가 | 19,600 | 23,800 | 7,560 |
| 합 계 | ₩28,000 | ₩23,800 | ₩9,380 |

4) 완성품 환산량 단위당 원가계산 :

| | 전공정대체원가 | 재료원가 | 가공원가 |
|---|---|---|---|
| 총제조원가 | ₩28,000 | ₩23,800 | ₩9,380 |
| 완성품 환산량 | 2,800개 | 2,800개 | 2,680개 |
| 단위당 원가 | ₩10 | ₩8.5 | ₩3.5 |

5) 제품단위당 원가계산 :

| | 전공정대체원가 | 재료원가 | 가공원가 | 합 계 |
|---|---|---|---|---|
| 당기완성품 | 2,400×10=24,000 | 2,400×8.5=20,400 | 2,400×3.5=8,400 | ₩52,800 |
| 생산량 | | | | 2,400개 |
| 단위당 원가 | | | | ₩22 |

| | 전공정대체원가 | 재료원가 | 가공원가 | 합 계 |
|---|---|---|---|---|
| 기말재공품원가 | 400×10=4,000 | 400×8.5=3,400 | 280×3.5=980 | ₩8,380 |
| 생산량 | | | | 400개 |
| 단위당 원가 | | | | ₩20.95 |

**[7–10]**

1) 물량흐름의 파악

재공품

| | | | |
|---|---|---|---|
| 기초재공품수량 | 800개 | 기초재공품완성량 | 800개 |
| 당기착수량 | 2,000개 | 당기착수완성량 | 1,600개 |
| | | 기말재공품수량 | 400개 |
| 총투입량 | 2,800개 | 총산출량 | 2,800개 |

2) 완성품 환산량 산출

| | 전공정대체원가 | 재료원가 | 가공원가 |
|---|---|---|---|
| 기초재공품완성량 | – | 800×1.0=800개 | 800×(1−0.2)=640개 |
| 당기착수완성량 | 1,600개 | 1,600개 | 1,600개 |
| 기말재공품 수량 | 400개 | 400×1.0=400개 | 400×0.7=280개 |
| 합 계 | 2,000개 | 2,800개 | 2,520개 |

3) 총제조원가 집계

| | 전공정대체원가 | 재료원가 | 가공원가 |
|---|---|---|---|
| 당기발생원가 | ₩19,600 | ₩23,800 | ₩7,560 |

4) 완성품 환산량 단위당 원가계산

| | 전공정비 | 재료원가 | 가공원가 |
|---|---|---|---|
| 총제조원가 | ₩19,600 | ₩23,800 | ₩7,560 |
| 완성품 환산량 | 2,000개 | 2,800개 | 2,520개 |
| 단위당 원가 | ₩9.8 | ₩8.5 | ₩3 |

5) 제품단위당 원가계산

| | 전공정대체원가 | 재료원가 | 가공원가 | 합계 |
|---|---|---|---|---|
| 기초재공품원가 | 8,400 | 0 | 1,820 | ₩10,220 |
| 당기투입원가 | 1,600×9.8=15,680 | 2,400×8.5=20,400 | 2,240×3=6,720 | 42,800 |
| 합계 | | | | ₩53,020 |
| 생산량 | | | | 2,400 |
| 단위당 원가 | | | | ₩22.09 |

| | 전공정대체원가 | 재료원가 | 가공원가 | 합계 |
|---|---|---|---|---|
| 기말재공품원가 | 400×9.8=3,920 | 400×8.5=3,400 | 280×3=840 | ₩8,160 |

**[7–11]**

생산과정의 이해

| 원재료 | A | B | 완성품 |
|---|---|---|---|
| 투입시점 | 0% | 80% | 100% |

재공품

| | | | |
|---|---|---|---|
| 기초 | 150 | 완성품 | 1,100 |
| 당기착수 | 1,200 | 기말 | 250 |
| 총투입량 | 1,350 | 총산출량 | 1,350 |

1. 가중평균법의 경우

| 재공품 | | | | | 재료A | 재료B | 가공원가 |
|---|---|---|---|---|---|---|---|
| 기초 | 150 | 완성품 | 1,100 | 100% | 1,100 | 1,100 | 1,100 |
| 당기착수 | 1,200 | 기말 | 250 | 60% | 250 | 0 | 150 |
| | 1,350 | | 1,350 | | 1,350 | 1,100 | 1,250 |

2. 선입선출법의 경우

| 재공품 | | | | | 재료A | 재료B | 가공원가 |
|---|---|---|---|---|---|---|---|
| 기초 | 150 | 기초완성 | 150 | 60% | 0 | 150 | 90 |
| 당기착수 | 1,200 | 당착완성 | 950 | 100% | 950 | 950 | 950 |
| | | 기말 | 250 | 60% | 250 | 0 | 150 |
| | 1,350 | | 1,350 | | 1,200 | 1,100 | 1,190 |

**[7-12]**

1. 선입선출법에 의할 경우

| 재공품 | | | |
|---|---|---|---|
| 기초재고 | 20,000 | 기초완성 | 20,000 |
| 당기착수 | 160,000 | 당기착수완성 | 130,000 |
| | | 기말재고 | 30,000 |
| | 180,000 | | 180,000 |

| 투입시점: | 공정초 | 50% | 종점 | 진척도에 비례 |
|---|---|---|---|---|
| | 재료A | 재료B | 재료C | 재료D |
| | 0 | 20,000 | 20,000 | 12,000 |
| | 130,000 | 130,000 | 130,000 | 130,000 |
| | 30,000 | 30,000 | 0 | 18,000 |
| | 160,000 | 180,000 | 150,000 | 160,000 |

2. 가중평균법에 의할 경우

| 재공품 | | | |
|---|---|---|---|
| 기초재고 | 20,000 | 당기완성 | 150,000 |
| 당기착수 | 160,000 | 기말재고 | 30,000 |
| | 180,000 | | 180,000 |

| 투입시점: | 공정초 | 50% | 종점 | 진척도에 비례 |
|---|---|---|---|---|
| | 재료A | 재료B | 재료C | 재료D |
| | 150,000 | 150,000 | 150,000 | 150,000 |
| | 30,000 | 30,000 | 0 | 18,000 |
| | 180,000 | 180,000 | 150,000 | 168,000 |

## [7-13]

A공정 원가보고서

1) 물량흐름

| | | | |
|---|---|---|---|
| 월초 | 1,500 | 완성 | 12,500 |
| 투입 | 14,500 | 월말 | 3,500 |
| | 16,000 | | 16,000 |

2) 완성품 환산량 산출

| | 재료원가(A) | 가공원가 |
|---|---|---|
| 완성품 수량 | 12,500 | 12,500 |
| 기말재공품 수량 | 3,500 | 3,500×0.4=1,400 |
| 합 계 | 16,000개 | 13,900개 |

3) 총제조원가 집계

| | 재료원가 | 가공원가 |
|---|---|---|
| 기초재공품원가 | ₩38,000 | ₩26,000 |
| 당기발생원가 | 346,000 | 196,400 |
| 계 | ₩384,000 | ₩222,400 |

4) 완성품 환산량 단위당 원가계산

| | 재료원가 | 가공원가 |
|---|---|---|
| 총제조원가 | ₩384,000 | ₩222,400 |
| 완성품 환산량 | 16,000개 | 13,900개 |
| 단위당 원가 | ₩24 | ₩16 |

5) 제품단위당 원가계산

| | | |
|---|---|---|
| 완성품 원가 | 12,500×₩(24+16) | =₩500,000 |
| 기말재공품원가 | | 106,400 |
| | ① 3,500×₩24=84,000 | |
| | ② 1,400×₩16=22,400 | |
| | | ₩606,400 |

## [7-14]

B공정 원가보고서

1) 물량흐름

| | | | |
|---|---|---|---|
| 월초 | 2,400 | 완성 | 9,500 |
| 투입 | 12,500 | 월말 | 5,400 |
| | 14,900 | | 14,900 |

2) 완성품 환산량 산출

| | 전공정대체원가 | 재료원가 | 가공원가 |
|---|---|---|---|
| 완성품 수량 | 9,500개 | 9,500개 | 9,500개 |
| 기말재공품 수량 | 5,400개 | 0개 | 5,400×0.4=2,160개 |
| 합 계 | 14,900개 | 9,500개 | 11,660개 |

3) 총제조원가 집계

| | 전공정대체원가 | 재료원가 | 가공원가 |
|---|---|---|---|
| 기초재공품원가 | ₩125,800 | ₩0 | ₩37,440 |
| 당기발생원가 | 500,000 | 456,000 | 592,200 |
| 합 계 | ₩625,800 | ₩456,000 | ₩629,640 |

4) 완성품 환산량 단위당 원가계산

| | 전공정대체원가 | 재료원가 | 가공원가 |
|---|---|---|---|
| 총제조원가 | ₩625,800 | ₩456,000 | ₩629,640 |
| 완성품 환산량 | 14,900개 | 9,500개 | 11,660개 |
| 단위당 원가 | ₩42 | ₩48 | ₩54 |

5) 완성품 및 월말재공품 원가

| | | |
|---|---|---|
| 완성품 원가 | 9,500×(42+48+54)= | ₩1,368,000 |
| 기말재공품원가 | | 343,440 |
| | ① 전공정원가 5,400×42=226,800 | |
| | ② 가공원가 2,160×54=116,640 | |
| | | ₩1,711,440 |

**[7-15]**

절단부문의 재료원가는 공정 착수시점에 전량 투입된다고 할 때,

절단부문

| 재공품 | | | | 재료원가 | 가공원가 |
|---|---|---|---|---|---|
| 기초 | 20,000 | 기초완성 | 20,000 | 0 | 10,000 |
| 당착 | 60,000 | 당착완성 | 44,000 | 44,000 | 44,000 |
| | | 기말재고 | 16,000 | 16,000 | 6,400 |
| | 80,000 | | 80,000 | 60,000 | 60,400 |

| | 재료원가 | 가공원가 |
|---|---|---|
| 당기발생원가 | ₩48,000 | ₩60,400 |
| 완성품 환산량 | 60,000개 | 60,400개 |
| 환산량 단위당 원가 | ₩0.8 | ₩1.0 |

| 완성품 원가 | 재료원가 | 가공원가 | 합계 |
|---|---|---|---|
| 기초 | 18,800 | 20,000 | ₩38,800 |
| 기초추가 | 0 | 10,000×1.0=10,000 | 10,000 |
| 당착완성 | 44,000×0.8=35,200 | 44,000×1.0=44,000 | 79,200 |
| | | | ₩128,000 |

| 기말재공품 원가 | 재료원가 | 가공원가 | 합계 |
|---|---|---|---|
| | 16,000×0.8=12,800 | 6,400×1.0=6,400 | ₩19,200 |

마무리 부문

| 재공품 | | | | 전공정원가 | 재료원가 | 가공원가 |
|---|---|---|---|---|---|---|
| 기초 | 24,000 | 기초완성 | 24,000 | 0 | 24,000 | 4,800 |
| 당착 | 64,000 | 당착완성 | 44,000 | 44,000 | 44,000 | 44,000 |
| | | 기말재고 | 20,000 | 20,000 | 0 | 6,000 |
| | 88,000 | | 88,000 | 64,000 | 68,000 | 54,800 |

| | 전공정원가 | 재료원가 | 가공원가 |
|---|---|---|---|
| 당기발생원가 | ₩128,000 | ₩34,000 | ₩68,500 |
| 완성품 환산량 | 64,000개 | 68,000개 | 54,800개 |
| 환산량 단위당 원가 | ₩2 | ₩0.5 | ₩1.25 |

| 완성품 원가 | 전공정원가 | 재료원가 | 가공원가 | 합계 |
|---|---|---|---|---|
| 기초 | 24,000 | 0 | 28,000 | ₩52,000 |
| 기초추가 | 0 | 24,000×0.5=12,000 | 4,800×1.25=6,000 | 18,000 |
| 당착완성 | 44,000×2.0=88,000 | 44,000×0.5=22,000 | 44,000×1.25=55,000 | 165,000 |
| | 112,000 | 34,000 | 89,000 | ₩235,000 |

| 기말재공품 원가 | 전공정원가 | 재료원가 | 가공원가 | 합계 |
|---|---|---|---|---|
| | 20,000×2.0=40,000 | 0 | 6,000×1.25=7,500 | ₩47,500 |

## 객관식

**[8-1]** ②

완성품과 기말재공품에 안분하여 부담시킨다.

**[8-2]** ④

공손원가는 당월에 감사시점을 통과한 수량에 배분된다.

| 구 분 | 전월말 진행률 | 당월말 진행률 | 당월 검사 여부 |
|---|---|---|---|
| 월초재고 | 40% | 100% | 당월 검사시점 통과 |
| 당월착수·완성 | 0% | 100% | 당월 검사시점 통과 |
| 월말재고 | 0% | 80% | 당월 검사시점 통과 |

**[8-3]** ①

재공품(단위)

| | | | |
|---|---|---|---|
| 기초 | 950 | 당기완성 | 4,750 |
| 당기착수 | 6,200 | 정상공손 | 475 |
| | | 비정상공손 | 425 |
| | | 기말 | 1,500 |
| | 7,150 | | 7,150 |

공손＝950＋6,200－4,750－1,500＝900단위

정상공손＝4,750×10%＝475단위

비정상공손＝900－475＝425단위

**[8-4]** ④

재공품(단위)

| | | | | |
|---|---|---|---|---|
| 기초재공품 | 500개 | 완성품 | 3,500개 | |
| 당기투입 | 4,000개 | 공손품 | 800개 | (정상 500, 비정상 300) |
| | | 기말재공품 | 200개 | |

**[8-5]** ③

공손＝300개＋1,000개－900개－200개＝200개

정상공손＝900개×10%＝90개

비정상공손＝200개－90개＝110개

**[8-6]** ①

• 공손＝기초＋당기착수－당기완성－기말

  ＝400단위＋2,700단위－2,500단위－500단위＝100단위

• 당기에 검사시점을 통과한 합격품 수량

| | 물 량 | 당기 검사통과수량 |
|---|---|---|
| 기초재공품 | 400단위 | 0 |
| 당기착수 완성 | 2,100 | 2,100 |
| 기말재공품 | 500 | 500 |
| | | 2,600 |

• 검사시점 도달수량＝검사통과 합격품＋공손

  ＝2,600단위＋100단위＝2,700단위

• 정상공손 : 2,700단위×3%＝81단위

∴ 비정상공손＝100단위－81단위＝19단위

**[8-7]** ②

• 공손수량 파악 :

  기초재공품＋당기착수＝당기완성＋공손＋기말재공품

  1,000단위＋8,000단위＝6,000단위＋공손＋2,000단위

∴ 공손＝1,000단위

• 당기에 검사시점을 통과한 합격품 수량

| | 물 량 | 70% 검사통과수량 |
|---|---|---|
| 기초재공품 | 1,000단위(50%) | 1,000 |
| 당기착수 완성 | 5,000 | 5,000 |
| 공손 | 1,000(70%) | 0 |
| 기말재공품 | 2,000(60%) | 0 |
| | | 6,000 |

• 정상공손 : 6,000단위×10%=600단위

∴ 비정상공손=1,000단위−600단위=400단위

**[8-8]** ③

• 공손수량 파악 : 가중평균법의 원가흐름을 가정하는 경우에도 공손수량을 파악할 때는 선입선출법과 같은 실제 원가흐름에 따라 계산한다.

기초재공품+당기착수=당기완성+공손+기말재공품

1,000단위+8,000단위=6,000단위+공손+2,000단위

∴ 공손=1,000단위

• 당기에 검사시점을 통과한 합격품 수량

| | 물 량 | 당기 80% 검사통과수량 |
|---|---|---|
| 기초재공품 | 1,000단위(50%) | 1,000 |
| 당기착수 완성 | 5,000단위 | 5,000 |
| 공손 | 1,000(80%)단위 | 1,000 |
| 기말재공품 | 2,000(60%)단위 | 0 |
| | | 7,000 |

• 정상공손 : 7,000단위×10%=700단위

∴ 비정상공손=1,000단위−700단위=300단위

**[8-9]** ②

완성품 중 당기중 검사통과수량=9,000개−1,000개=8,000개

| | |
|---|---|
| 기말재공품 중 검사통과수량 | 1,000개 |
| 계 | 9,000개 |

정상공손=검사통과수량 9,000개×10%=900개

**[8-10]** ⑤

검사시점 20%일 때 : (52,000+15,000)×0.1=6,700개

검사시점 50%일 때 : (10,000+52,000+15,000)×0.1=7,700개

**[8-11]** ④

공손원가가 비용화되는 경우는 정상공손이 완성품에 배분되었다가 그중 판매된 부문에 대하여 수익·비용 대응에 따라 비용으로 인식하는 경우와 비정상공손을 당기에 전액 기간비용화하는 경우의 두 가지가 있다.

1. 정상공손 중 판매되어 비용화된 부문 계산

$$₩20,000 \times \frac{25,000}{50,000} = ₩10,000$$

2. 비정상공손은 전액 비용화된다.

∴ 비용화되는 공손원가 = ₩10,000 + ₩50,000 = ₩60,000

**[8-12]** ②

정상공손 = 당기 중 검사통과수량 × 5% = (12,000 − 2,000 + 1,000) × 5% = 550개

비정상공손 = 1,000 − 550 = 450개

가공원가환산량 = 450 × 40% = 180개

**[8-13]** ②

공손수량 = (12,000 + 53,000 + 15,000) × 10%

∴ 정상공손 = 8,000개

재료원가의 완성품환산량 = 53,000 + 8,000 + 15,000 = 76,000개

재료원가의 완성품환산량 단위당 원가 = ₩456,000 ÷ 76,000 = ₩6

정상공손에 포함된 재료원가 = ₩6 × 8,000 = ₩48,000

**[8-14]** ②

- 공손수량 파악 : 공손수량을 파악할 때는 선입선출법과 같은 실제 원가흐름에 따라 계산한다.

  기초재공품 + 당기착수 = 당기완성 + 공손 + 기말재공품

  10,000단위 + 55,000단위 = 40,000단위 + 공손수량 + 20,000단위

  ∴ 공손수량 = 5,000단위

- 정상공손, 비정상공손 수량 파악 :

  정상공손 = (10,000 + 30,000 + 20,000) × 5% = 3,000개

  비정상공손 = 5,000 − 3,000 = 2,000개

검사가 공정의 80% 시점에서 이루어지므로 공손의 가공원가진행률은 80%이고 따라서 비정상공손의 가공원가 완성품환산량은 2,000개 × 80% = 1,600개이다.

**[8–15]** ③

| | | | | | 재료원가 | 가공원가 |
|---|---|---|---|---|---|---|
| 기초 | 1,000 (0.8) | 완성품 | 7,000 | | 7,000 | 7,000 |
| | | 정상공손 | 700 (1.0) | | 700 | 700 |
| | | 비정상공손 | 800 (1.0) | | 800 | 800 |
| 착수 | 9,000 | 기말 | 1,500 (0.6) | | 1,500 | 900 |
| | 10,000 | | 10,000 | | 10,000 | 9,400 |

완성품환산량 단위당 원가

재료원가 = ₩5,540,000 ÷ 10,000 = ₩554

가공원가 = ₩10,340,000 ÷ 9,400 = ₩1,100

정상공손원가 : 700 × ₩554 + 700 × ₩1,100 = ₩1,157,800

완성품원가 : 1,157,800 + 7,000 × ₩554 + 7,000 × ₩1,100 = ₩12,735,800

* 기말재공품이 검사시점을 통과하지 못했으므로 정상공손원가는 완성품에만 배분한다.

## 주관식

**[8–1]**

물량흐름

| | | | |
|---|---|---|---|
| 기초 | 500 | 완 성 | 1,600 |
| 당기착수 | 1,500 | 공 손 | 200 |
| | | 기 말 | 200 |

1. 정상공손수량 = (1,100 + 200) × 0.02 = 26개
   비정상공손수량 = 200 − 26 = 174개
2. 정상공손수량 = (1,100 + 200 + 200) × 0.02 = 30개
   비정상공손수량 = 200 − 30 = 170개
3. 완제품 배분 정상공손원가 = ₩50,000 × [1,100/(1,100 + 200)] = ₩42,308

**[8–2]**

재공품

| | | | |
|---|---|---|---|
| 기초재공품 | 30,000개 | 당기완성 | 99,000개 |
| 당기착수 | 120,000개 | 비정상공손 | 6,000개 |
| | | 기말재공품 | 45,000개 |
| 총투입량 | 150,000개 | 총산출량 | 150,000개 |

| | 가공원가 |
|---|---|
| 당기완성 | 99,000개×1.0＝99,000개 |
| 비정상공손 | 6,000개×1.0 ＝6,000개 |
| 기말재공품 | 45,000개×0.4＝18,000개 |
| 합 계 | 123,000개 |

**[8-3]**

1. 원가계산

물량흐름 :

재공품

| | | | |
|---|---|---|---|
| 기초재공품 | 60,000개 | 당기완성 | 90,000개 |
| 당기착수 | 100,000개 | 정상공손 | 20,000개 |
| | | 기말재공품 | 50,000개 |
| 총투입량 | 160,000개 | 총산출량 | 160,000개 |

완성품환산량 :

| | 재료원가 | 가공원가 |
|---|---|---|
| 당기완성 | 90,000개×1.0＝90,000개 | 90,000개×1.0＝90,000개 |
| 정상공손 | 20,000개×1.0＝20,000개 | 20,000개×0.6＝12,000개 |
| 기말재공품 | 50,000개×1.0＝50,000개 | 50,000개×0.3＝15,000개 |
| 합 계 | 160,000개 | 117,000개 |

총제조원가 집계 :

| | 재료원가 | 가공원가 |
|---|---|---|
| 기초재공품원가 | ₩6,000,000 | ₩5,000,000 |
| 당기발생원가 | 10,000,000 | 16,060,000 |
| 합 계 | ₩16,000,000 | ₩21,060,000 |

완성품환산량 단위당 원가 :

| | 재료원가 | 가공원가 |
|---|---|---|
| 총제조원가 | ₩16,000,000 | ₩21,060,000 |
| 완성품환산량 | 160,000개 | 117,000개 |
| 단위당 원가 | ₩100 | ₩180 |

제품단위당 원가계산 :

| | 재료원가 | 가공원가 | 합계 |
|---|---|---|---|
| 완성품원가 | 90,000×₩100=₩9,000,000 | 90,000×₩180=₩16,200,000 | ₩25,200,000 |
| 정상공손원가 | 20,000× 100= 2,000,000 | 12,000× 180= 2,160,000 | 4,160,000 |
| 기말재공품원가 | 50,000× 100= 5,000,000 | 15,000× 180= 2,700,000 | 7,700,000 |

2. 정상공손을 완성품 배부시 단위당 원가
   (₩25,200,000+₩4,160,000)/90,000≒₩326.2

## [8-4]

정상공손 : 7,000×5%=350　　　　　비정상공손 500−350=150

| | | 가공원가환산량 |
|---|---|---|
| 기초재공품 | 2,000 | |
| 당기착수 | 8,000 | |
| | 10,000 | |
| 완성 | 7,000 | 7,000 |
| 정상공손 | 350 | 350 |
| 비정상공손 | 150 | 150 |
| 기말재공품 | 2,500 | 2,000 |
| | 10,000 | 9,500 |
| 기초재고 | | ₩10,000 |
| 당기투입 | | 75,500 |
| | | ₩85,500 |
| 단위당원가 | | ₩9 |
| 완성품원가 | | ₩63,000 |
| 정상공손원가 | | 3,150 |
| 비정상공손원가 | | 1,350 |
| 기말재공품원가 | | 18,000 |
| | | ₩85,500 |

정상공손원가는 전액 완성품원가에 배분하므로,
완성품원가 : ₩63,000+₩3,150=₩66,150

## [8-5]

| | | 재료원가 | | 가공원가 | 계 |
|---|---|---|---|---|---|
| 완성 | 99,000 | 99,000 | | 99,000 | |
| 정상공손 | 2,000 | 2,000 | 0.6 | 1,200 | |
| 월말재공품 | 5,000 | 5,000 | 0.3 | 1,500 | |
| 계 | 106,000 | 106,000 | | 101,700 | |
| 기초재공품 | | ₩900,000 | | ₩600,000 | ₩1,500,000 |
| 당기투입원가 | | 15,100,000 | | 20,460,000 | 35,560,000 |
| 계 | | ₩16,000,000 | | ₩21,060,000 | ₩37,060,000 |
| 단위원가 | | ₩150* | | ₩207* | ₩357* |
| 완성품원가 | | | | | ₩35,343,000 |
| 정상공손 | | ₩300,000 | | ₩248,400 | ₩548,400 |

월말재공품의 완성도 30% < 검사시점 60%이므로 정상공손원가는 전액 완성품에 배분한다.

완성품원가 = ₩35,343,000 + ₩548,400 = ₩35,891,400

단위원가 = $\frac{35,891,400}{99,000}$ = ₩362*

* 원미만 절사

## [8-6]

1. 공손

= 기초재공품 + 당기착수

= 완성품 + 공손품 + 기말재공품

= 50 + 190 = 150 + ? + 50

∴ 공손(?) = 40개

공손은 완성품과 기말재공품에서 발생하므로

∴ 정상공손 = (50 + 100 + 50) × 10% = 20개

비정상공손 = 40 − 20 = 20개

2. 원가계산

물량흐름 :

| 재공품 | | | |
|---|---|---|---|
| 기초재공품 | 50개 | 당기완성 | 150개 |
| 당기착수 | 190 | 정상공손 | 20 |
| | | 비정상공손 | 20 |
| | | 기말재공품 | 50 |
| 총투입량 | 240개 | 총산출량 | 240개 |

완성품환산량 :

| | 재료원가 | 가공원가 |
|---|---|---|
| 당기완성 | 150×1.0=150개 | 150×1.0=150개 |
| 정상공손 | 20×1.0= 20 | 20×0.5= 10 |
| 비정상공손 | 20×1.0= 20 | 20×0.5= 10 |
| 기말재공품 | 50×1.0= 50 | 50×0.6= 30 |
| 합 계 | 240개 | 200개 |

총제조원가 집계 :

| | 재료원가 | 가공원가 |
|---|---|---|
| 기초재공품원가 | ₩100 | ₩6,000 |
| 당기발생원가 | 9,500 | 18,000 |
| 합 계 | ₩9,600 | ₩24,000 |

완성품환산량 단위당 원가 :

| | 재료원가 | 가공원가 |
|---|---|---|
| 총제조원가 | ₩9,600 | ₩24,000 |
| 완성품환산량 | ÷240 | ÷200 |
| 단위당 원가 | ₩40 | ₩120 |

제품단위당 원가계산 :

| | 재료원가 | 가공원가 | 합계 |
|---|---|---|---|
| 완성품원가 | 150×₩40=₩6,000 | 150×₩120=₩18,000 | ₩24,000 |
| 정상공손원가 | 20× 40=800 | 10× 120=1,200 | 2,000 |
| 비정상공손원가 | 20× 40=800 | 10× 120=1,200 | 2,000 |
| 기말재공품원가 | 50×40=2,000 | 30× 120=3,600 | 5,600 |

| | 배부전 | 정상공손원가배부 | 배부후 |
|---|---|---|---|
| 완성품원가 | ₩24,000 | 2,000×150/(150+50)= ₩1,500 | ₩25,500 |
| 정상공손원가 | 2,000 | | 0 |
| 비정상공손원가 | 2,000 | | 2,000 |
| 기말재공품원가 | 5,600 | 2,000× 50/(150+50)= ₩500 | 6,100 |
| 합 계 | ₩33,600 | | ₩33,600 |

**[8–7]**

| 물량흐름 | | | | 완성품환산량: 가중평균법 | 완성품환산량: 선입선출법 |
|---|---|---|---|---|---|
| 기초 | 200 | 기초완성 | 200 | 200 | 0 |
| | | 착수완성 | 300 | 300 | 300 |
| | | 비정상공손 | 100 | 100 | 100 |
| 착수 | | 기말 | 400 | 400 | 400 |
| | | | 1,000 | 1,000 | 800 |

$$(100+\mathrm{P})\times\frac{400}{1,000}+460=\mathrm{P}\times\frac{400}{800}$$

∴ P = ₩5,000

또는

물량흐름의 파악

재공품

| | | | |
|---|---|---|---|
| 기초재공품 | 200 | 당기완성 | 500 |
| 당기착수 | ? | 정상공손 | 100 |
| | | 기말재공품 | 400 |
| 총투입량 | 1,000 | 총산출량 | 1,000 |

완성품환산량

| | 선입선출법 | 가중평균법 |
|---|---|---|
| 기초재공품완성량(50%) | 0 | 200 |
| 당기착수완성량 | 300 | 300 |
| 정상공손수량(50%) | 100 | 100 |
| 기말재공품 수량(80%) | 400 | 400 |
| 합 계 | 800 | 1,000 |

총제조원가(재료원가)

| | 선입선출법 | 가중평균법 |
|---|---|---|
| 기초재공품 | – | 100 |
| 당기투입 | $x$ | $x$ |
| 합　계 | $x$ | $100+x$ |

완성품환산량 단위당 원가

| | 선입선출법 | 가중평균법 |
|---|---|---|
| 총제조원가 | $x$ | $100+x$ |
| 완성품환산량 | 800 | 1,000 |
| 단위당 원가 | $x/800$ | $(100+x)/1,000$ |

기말재공품원가

선입선출법 : 400개 × ($x$/800)

가중평균법 : 400개 × {(100 + $x$)/1,000}

∴ 당기투입재료원가($x$)는

₩460 = 400개 × ($x$/800) − [400개 × {(100 + $x$)/1,000}]

₩460 = 0.5$x$ − 40 − 0.4$x$

∴ $x$ = ₩5,000

**[8–8]**

| | 완성품환산량 | | |
|---|---|---|---|
| | 물량단위 | 재료원가 | 가공원가 |
| 당기완성품 | 90,000 | 90,000 | 90,000 |
| 기말재공품 | 15,000(50%) | 15,000 | 7,500 |
| 정상공손 | 8,500(40%) | 85,000 | 3,400 |
| 비정상공손 | 6,500(40%) | 6,500 | 2,600 |
| 총산출량 | 120,000 | 120,000 | 103,500 |
| 차감 : 기초재공품 | 20,000(50%) | 20,000 | 12,000 |
| 당기완성품환산량 | | 100,000 | 91,500 |
| 당기투입원가 | | ₩300,000 | ₩366,000 |
| 단위당원가 | | ₩3 | ₩4 |

* 검사시점을 통과한 105,000단위 중 기초재공품 20,000단위는 전기에 검사시점을 통과하였으므로 당기에 검사시점을 통과한 수량은 85,000단위이다.

비정상공손원가 : 6,500 × ₩3 + 2,600 × ₩4 = ₩29,900

## [8-9]

1월의 원가보고서

| 물량흐름 | | 완성품환산량 | | |
|---|---|---|---|---|
| 기초재공품 | 1,000(60%) | | | |
| 당기착수 | 4,700 | | | |
| | 5,700 | 재료원가 | 가공원가 | 합 계 |
| 당기완성품 | 4,200 | 4,200 | 4,200 | |
| 정상공손 | 400(50%) | 400 | 200 | |
| 비정상공손 | 300(50%) | 300 | 150 | |
| 기말재공품 | 800(80%) | 800 | 640 | |
| 총산출량 | 5,700 | 5,700 | 5,190 | |
| 차감 : 기초재공품 | 1,000(60%) | 1,000 | 600 | |
| 완성품환산량 | | 4,700 | 4,590 | |
| 기초재공품 원가 | | | | ₩22,250 |
| 당기발생 원가 | | ₩103,400 | ₩59,670 | 163,070 |
| 합 계 | | | | ₩185,320 |
| 완성품환산량 단위당 원가 | | ₩22 | ₩13 | ₩35 |

원가배분

완성품원가 : ₩22,250 + 3,200 × ₩22 + 3,600 × ₩13 = ₩139,450

정상공손품 원가 : 400 × ₩22 + 200 × ₩13 = ₩11,400

비정상공손품 원가 : 300 × ₩22 + 150 × ₩13 = ₩8,550

기말재공품 원가 : 800 × ₩22 + 640 × ₩13 = ₩25,920

정상공손원가 배분

완성품 : ₩139,450 + ₩11,400 × 3,200/4,000 = ₩148,570

기말재공품 : ₩25,920 + ₩11,400 × 800/4,000 = ₩28,200

## [8-10]

2월의 원가보고서

| 물량흐름 | | 완성품환산량 | | |
|---|---|---|---|---|
| 기초재공품 | 800(80%) | | | |
| 당기착수 | 3,600 | | | |
| | 4,400 | 재료원가 | 가공원가 | 합 계 |
| 당기완성품 | 3,800 | 3,800 | 3,800 | |

| | | | | |
|---|---|---|---|---|
| 정상 공손 | 300(50%) | 300 | 150 | |
| 비정상 공손 | 100(50%) | 100 | 50 | |
| 기말재공품 | 200(30%) | 200 | 60 | |
| 총산출량 | 4,400 | 4,400 | 4,060 | |
| 차감:기초재공품 | 800(80%) | 800 | 640 | |
| 완성품환산량 | | 3,600 | 3,420 | |
| 기초재공품 원가 | | | | ₩27,744 |
| 당기발생 원가 | | ₩86,400 | ₩47,880 | 134,280 |
| 합 계 | | | | ₩162,024 |
| 완성품환산량 단위당 원가 | | ₩24 | ₩14 | |

원가배분

완성품 원가 : ₩28,200 + 3,000 × ₩24 + 3,160 × ₩14 = ₩144,440

정상공손품 원가 : 300 × ₩24 + 150 × ₩14 = ₩9,300

비정상공손품 원가 : 100 × ₩24 + 50 × ₩14 = ₩3,100

기말재공품 원가 : 200 × ₩24 + 60 × ₩14 = ₩5,640

정상공손원가 배분

완성품 원가 : ₩144,440 + ₩9,300 × 3,000/3,000 = ₩153,740

기말재공품 원가 : ₩5,640 + ₩9,300 × 0/3,000 = ₩5,640

## [8-11]

| | | 완 성 품 환 산 량 | | |
|---|---|---|---|---|
| | 물 량 | 전공정원가 | 직접재료원가 | 가공원가 |
| 기초재공품(25%) | 4,000개 | | | |
| 당기착수량 | 18,000 | | | |
| 합 계 | 22,000개 | | | |
| 당기완성품 | 19,000 | 19,000 | 19,000 | 19,000 |
| 기말재공품(80%) | 2,000 | 2,000 | 0 | 1,600 |
| 정상공손 | 950 | 950 | 0 | 475 |
| 비정상공손 | 50 | 50 | 0 | 25 |
| 총산출량 | 22,000 | 22,000 | 19,000 | 21,100 |
| 차감 : 기초재공품(25%) | 4,000 | 4,000 | 0 | 1,000 |
| 합계(선입선출법) | | 18,000개 | 19,000개 | 20,100개 |

선입선출법

| | 전공정원가 | 직접재료원가 | 가공원가 |
|---|---|---|---|
| 당기투입원가 | ₩162,000 | ₩47,500 | ₩80,400 |
| 완성품환산량 | ÷18,000개 | ÷19,000개 | ÷20,100개 |
| 완성품환산량단위당원가 | ₩9 | ₩2.5 | ₩4 |

정상공손원가:

| | |
|---|---|
| 전공정원가(950개×₩9) | ₩8,550 |
| 가공원가(475개×₩4) | 1,900 |
| 합 계 | ₩10,450 |

정상공손원가의 배분 :

완성품 : $₩10,450 \times \frac{19,000개}{21,000개} = ₩9,455$

기말재공품 : $₩10,450 \times \frac{2,000개}{21,000개} = ₩995$

비정상공손원가 :

| | |
|---|---|
| 전공정원가(50개×₩9) | ₩450 |
| 가공원가(25개×₩4) | 100 |
| 합 계 | ₩550 |

기말재공원가

| | |
|---|---|
| 전공정원가(2,000개×₩9) | ₩18,000 |
| 가공원가(1,600개×₩4) | 6,400 |
| 정상공손비배부액 | 995 |
| 합 계 | ₩25,395 |

완성품원가 :

| | | | |
|---|---|---|---|
| 기초재공품원가 | | | ₩46,420 |
| 기초재공품추가가공 | 직접재료원가(4,000×₩2.5) | | 10,000 |
| | 가공원가(3,000×₩4) | | 12,000 |
| 당기착수완성분(15,000개×₩15.5) | | 232,500 | |
| 정상공손원가배분액 | | 9,455 | |
| 합 계 | | ₩310,375 | |

**[8-12]**

**1.** 공손수량의 파악

기초재공품+당기착수=기초완성+당기착수완성+공손+기말재공품

900개+4,500개=900개+3,300개+공손+600개

공손=600개

80% 검사통과수량=기초완성 900개+당기착수완성 3,300개=4,200개

정상공손=4,200×10%=420개

비정상공손=600−420=180개

**2.** 완성품환산량 파악

| 재공품 | | | | | 완성품환산량 재료원가 | 완성품환산량 가공원가 |
|---|---|---|---|---|---|---|
| 기 초 | 900 | 완 성 | 4,200 | | 4,200 | 4,200 |
| | | 정상공손 | 420 | 0.8 | 420 | 336 |
| | | 비정상공손 | 180 | 0.8 | 180 | 144 |
| 당기착수 | 4,500 | 기 말 | 600 | 0.7 | 600 | 420 |
| 합 계 | 5,400 | 합 계 | 5,400 | | 5,400 | 5,100 |

**3.** 총원가 요약

| | | |
|---|---|---|
| 기초재공품원가 | ₩58,500 | ₩87,600 |
| 당기 착수 원가 | 427,500 | 524,400 |
| 합 계 | ₩486,000 | ₩612,000 |

**4.** 완성품환산량 단위당 원가 ₩90 ₩120

**5.** 원가 배분

| | |
|---|---|
| 완성품원가 : 4,200×90+4,200×120= | ₩882,000 |
| 정상공손원가 : 420×90+336×120= | 78,120 |
| 비정상공손원가 : 180×90+144×120= | 33,480 |
| 기말재공품원가 : 600×90+420×120= | 104,400 |
| 합 계 | ₩1,098,000 |

**6.** 정상공손원가의 배분

| | 배분 전 원가 | 정상공손원가 | 배분 후 원가 |
|---|---|---|---|
| 완성품원가 | ₩882,000 | ₩78,120* | ₩960,120 |
| 정상공손원가 | 78,120 | (78,120) | 0 |
| 비정상공손원가 | 33,480 | 0 | 33,480 |

| | | | |
|---|---|---|---|
| 기말재공품 | 104,400 | 0 | 104,400 |
| 합　계 | ₩1,098,000 | ₩0 | ₩1,098,000 |

* 기말재공품이 검사시점을 통과하지 못하였으므로 정상공손원가는 모두 완성품원가에 배분

## [8-13]

1) 물량흐름 및 완성품환산량

| | 물량흐름 | 원재료 A | 원재료 B | 가공원가 |
|---|---|---|---|---|
| 완성품 | 90,000 | 90,000 | 90,000 | 90,000 |
| 정상공손 | 4,800(0.6) | 4,800 | – | 2,880 |
| 비정상공손 | 1,200(0.6) | 1,200 | – | 720 |
| 기말재공품 | 18,000(0.7) | 18,000 | 18,000 | 12,600 |
| 총산출량 | 114,000 | 114,000 | 108,000 | 106,200 |
| 차감 : | | | | |
| 기초재공품 | 12,000(0.8) | 12,000 | 12,000 | 9,600 |
| 완성품환산량 | | 102,000 | 96,000 | 96,600 |

2) 환산단위당 원가

| | 원재료 A | 원재료 B | 가공원가 |
|---|---|---|---|
| 당기투입원가 | ₩7,140,000 | ₩960,000 | ₩1,738,800 |
| 완성품환산량 | 102,000 | 96,000 | 96,600 |
| 환산단위당 원가 | ₩70 | ₩10 | ₩18 |

3) 총제조원가의 배분

– 완성품원가

| | | |
|---|---|---|
| 기초재공품 | | ₩984,000 |
| 당기투입원가 | | |
| 원재료 A(78,000×70) | ₩5,460,000 | |
| 원재료 B(78,000×10) | 780,000 | |
| 가공원가(80,400×18) | 1,447,200 | 7,687,200 |
| | | ₩8,671,200 |

– 정상공손 원가

| | |
|---|---|
| 원재료 A(4,800×70) | ₩336,000 |
| 차감(2,880×18) | 51,840 |
| | ₩387,840 |

– 비정상공손 원가

| | |
|---|---:|
| 원재료 A(1,200×70) | ₩84,000 |
| 가공원가(720×18) | 12,960 |
| | ₩96,960 |

– 기말재공품 원가

| | |
|---|---:|
| 원재료 A(18,000×70) | ₩1,260,000 |
| 원재료 B(18,000×10) | 180,000 |
| 가공원가(12,600×18) | 226,800 |
| | ₩1,666,800 |

4) 정상공손원가의 배분

$$완성품 = 387,840 \times \frac{78,000}{78,000 + 18,000} = ₩315,120$$

$$기말재공품 = 387,840 \times \frac{18,000}{78,000 + 18,000} = ₩72,720$$

5) 배분 후의 원가구성

완성품＝8,671,200＋315,120＝₩8,986,320

기말재공품＝1,666,800＋72,720＝₩1,739,520

비정상공손＝₩96,960

**[8–14]**

| | 물량흐름 | 완성품환산량 | | |
|---|---|---:|---:|---:|
| | | 전공정비 | 재료원가 | 가공원가 |
| 기초재공품 | 12,000(0.9) | | | |
| 당기투입 | 36,000 | | | |
| 계 | 48,000 | | | |
| 완성품 | 34,000 | 34,000 | 34,000 | 34,000 |
| 정상공손 | 1,600(0.7) | 1,600 | – | 1,120 |
| 비정상공손 | 2,400(0.7) | 2,400 | – | 1,680 |
| 기말재공품 | 10,000(0.75) | 10,000 | – | 7,500 |
| 계 | 48,000 | 48,000 | 34,000 | 44,300 |
| 차감 : 기초재공품 | | 12,000 | – | 10,800 |
| 완성품환산량 | | 36,000 | 34,000 | 33,500 |
| 투입원가 | | ₩2,273,400 | ₩864,960 | ₩2,293,410 |
| 완성품환산량 단위당원가 | | ₩63.15 | ₩25.44 | ₩68.46 |

1. 선입선출법하에서

① 정상공손 (22,000+10,000)×5%=1,600단위

비정상공손 4,000−1,600=2,400단위

② 원가요소별 완성품환산량 (위의 제조원가보고서 참조)

③ 원가요소별 완성품환산량 단위당 원가(위의 제조원가보고서 참조)

④ 비정상공손원가 2,400×₩63.15+1,680×₩68.46=₩266,572.8

⑤ 완성품원가

| | | |
|---|---|---|
| 기초재공품 | ₩915,000+₩834,560 | ₩1,749,560 |
| 전공정비 | 22,000×₩63.15 | 1,389,300 |
| 재료원가 | 34,000×₩25.44 | 864,960 |
| 가공원가 | 23,200×₩68.46 | 1,588,272 |
| 정상공손비 배부액 | 1,600×₩63.15+1,120×₩68.46 | 177,715.2 |
| | | ₩5,769,807.2 |

⑥ 기말재공품원가 10,000×₩63.15+7,500×₩68.46=₩1,144,950

## [8–15]

1. 완성품과 기말재공품의 원가계산

[1단계] 물량의 흐름 / [2단계] 완성품환산량

| 재공품 | | | | 전공정비 | 재료원가 | 가공원가 |
|---|---|---|---|---|---|---|
| | | 완 성 | 5,000 | 5,000 | 5,000 | 5,000 |
| 기 초 | 1,000 | 정상공손 | 800 | 800 | 800 | 640 |
| | | 비정상공손 | 200 | 200 | 200 | 160 |
| 당기착수 | 8,000 | 기 말 | 3,000 | 3,000 | 3,000 | 2,700 |
| 합 계 | 9,000 | 합 계 | 9,000 | 9,000 | 9,000 | 8,500 |

[3단계] 총원가 요약

| | 전공정비 | 재료원가 | 가공원가 | 합 계 |
|---|---|---|---|---|
| 기초재공품원가 | ₩82,000 | − | ₩50,000 | ₩132,000 |
| 당기 착수 원가 | 746,000 | 846,000 | 1,310,000 | 2,902,000 |
| 합 계 | ₩828,000 | ₩846,000 | ₩1,360,000 | ₩3,034,000 |

[4단계] 완성품환산량 단위당 원가

| | 전공정비 | 재료원가 | 가공원가 |
|---|---|---|---|
| | ₩92 | ₩94 | ₩160 |

[5단계] 원가 배분

| | |
|---|---:|
| 완성품원가 | ₩1,730,000 |
| 정상공손원가 | 251,200 |
| 비정상공손원가 | 62,800 |
| 기말재공품원가 | 990,000 |
| 합　계 | ₩3,034,000 |

[6단계] 원가의 2차배분

| | 배분 전 원가 | 정상공손원가 | 배분 후 원가 |
|---|---:|---:|---:|
| 완성품원가 | ₩1,730,000 | ₩157,000* | ₩1,887,000 |
| 정상공손원가 | 251,200 | (251,200) | 0 |
| 비정상공손원가 | 62,800 | – | 62,800 |
| 기말재공품 | 990,000 | 94,200** | 1,084,200 |
| 합　계 | ₩3,034,000 | ₩0 | ₩3,034,000 |

* $251,200 \times \frac{5,000}{5,000+3,000}$　** $251,200 \times \frac{3,000}{5,000+3,000}$

## 객관식

**[9-1]** ②

A제품의 순실현가치

생산량 200단위×단위당 순실현가치(₩900－₩300)＝₩120,000

B제품의 순실현가치

생산량 100단위×단위당 순실현가치(₩500－₩200)＝₩30,000

A제품의 결합원가배분액

₩25,000×₩120,000/₩150,000＝₩20,000

A제품의 매출총이익＝매출액－결합원가배분액－추가가공원가

＝₩180,000－₩20,000－₩60,000＝₩100,000

**[9-2]** ②

| | 판매가치 | 판매가치비율 | 결합원가 |
|---|---|---|---|
| A제품 | ₩1,400,000 | 70% | ₩280,000 |
| B제품 | 600,000 | 30% | |
| 합 계 | ₩2,000,000 | 100% | ? |

결합원가를 R이라고 하면, R×70%＝₩280,000

R＝₩400,000

**[9-3]** ③

- 결합제품 원가계산은 일정제조단계(분리점)를 수행하기 전까지 주산물과 부산물이 명확히 구분하기 곤란한 경우에 적용
- 순실현가치에 의한 결합원가의 배분에서, 해당 제품의 추가가공원가가 클수록 결합원가의 배분은 작아진다.

**[9-4]** ③

1) 부산물 X의 평가액＝2,000단위×₩20－₩20,000＝₩20,000

2) 결합제품에 배분할 결합원가＝₩620,000－₩20,000＝₩600,000

**[9-5]** ②

(결합원가의 배분)

| | 최종판매가치 | - | 추가가공원가 | = | 순실현가치 | % | 결합원가 |
|---|---|---|---|---|---|---|---|
| A | ₩60,000 | | ₩40,000 | | ₩20,000 | 25 | ₩17,500 |
| B | 90,000 | | 30,000 | | 60,000 | 75 | 52,500 |
| 계 | | | | | ₩80,000 | 100 | ₩70,000 |

B제품이익＝매출₩90,000－결합원가₩52,500－추가가공원가₩30,000＝₩7,500

**[9-6]** ①

| | 순실현가치 | % | 결합원가 |
|---|---|---|---|
| A | ₩330,000 | 55 | ₩220,000 |
| B | 180,000 | 30 | 120,000 |
| C | 90,000 | 15 | 60,000 |
| | ₩600,000 | 100 | ₩400,000 |

C의 매출총이익 : ₩130,000－60,000－40,000＝₩30,000

**[9-7]** ③

| | NRV | % | 배분 |
|---|---|---|---|
| A | 5,000×2,500－4,500,000＝₩ 8,000,000 | 2/3 | 2,400,000 |
| B | 4,000×1,875－3,500,000＝ 4,000,000 | 1/3 | |
| | ₩12,000,000 | | ₩3,600,000 |

∴ 총결합원가 : 2,400,000÷2/3＝3,600,000

**[9-8]** ④

| | 분리점에서의 상대적 판매가치 | | % | 배분 |
|---|---|---|---|---|
| X | 20,000×₩15,000＝ | ₩300,000,000 | | |
| Y | 16,000×₩12,000＝ | 192,000,000 | 32% | 89,600,000 |
| Z | 12,000×₩9,000＝ | 108,000,000 | | |
| | | ₩600,000,000 | | ₩280,000,000 |

**[9-9]** ②

부산물을 생산시점에 인식하는 경우 주산품에 배분되는 결합원가

＝₩93,000－3×1,000＝₩90,000

| | NRV | | % | 결합원가 |
|---|---|---|---|---|
| A | (4－2)×10,000＝ | ₩20,000 | 1/3 | ₩30,000 |
| B | (10－2)×5,000＝ | 40,000 | | |
| | | ₩60,000 | | ₩90,000 |

부산물을 판매시점에 인식하는 경우 주산품에 배분되는 결합원가는 ₩93,000 전액이다.

| | NRV | | % | 결합원가 |
|---|---|---|---|---|
| A | (4−2)×10,000= | ₩20,000 | | |
| B | (10−2)×5,000= | 40,000 | 2/3 | 62,000 |
| | | ₩60,000 | | ₩93,000 |

**[9-10]~[9-11]** ①, ③

• 생산시점의 원가차감법(부산물은 이익을 인식하지 않음)

원가율 : (₩45,000 + ₩40,000 + ₩27,500)/₩200,000 = 56.25%

A의 매출원가 : ₩80,000 × 56.25% = ₩45,000

따라서 결합원가 배부액 : ₩45,000 − ₩40,000 = ₩5,000

| | A | B | 계 |
|---|---|---|---|
| 최종판매가치 | ₩80,000 | ₩120,000 | ₩200,000 |
| 결합원가 | 5,000 | 40,000 | 45,000 |
| 추가가공원가 | 40,000 | 27,500 | 67,500 |
| 매출총이익 | ₩35,000 | ₩52,500 | ₩87,500 |
| 이익률 | 43.75% | 43.75% | 43.75% |

• 판매시점의 잡수익법

원가율 : (₩50,000 + ₩40,000 + ₩27,500)/₩200,000 = 58.75%

A의 매출원가 : ₩80,000 × 58.75% = ₩47,000

따라서 결합원가 배부액 : ₩47,000 − ₩40,000 = ₩7,000

| | A | B | 계 |
|---|---|---|---|
| 최종판매가치 | ₩80,000 | ₩120,000 | ₩200,000 |
| 결합원가 | 7,000 | 43,000 | 50,000 |
| 추가가공원가 | 40,000 | 27,500 | 67,500 |
| 매출총이익 | ₩33,000 | ₩49,500 | ₩82,500 |
| 이익률 | 41.25% | 41.25% | 41.25% |

**[9-12]~[9-13]** ③, ⑤

• 순실현가치

| | | | |
|---|---|---|---|
| NRV 갑 | 200×4,100−100,000= | ₩720,000 | 30% |
| NRV 을 | 300×2,000 = | 600,000 | 25% |
| NRV 병 | 500×2,160 = | 1,080,000 | 45% |
| | | ₩2,400,000 | 100% |

∴ 갑의 단위당 제조원가 : (1,000,000×0.3+100,000)÷200 = ₩2,000

• 추가가공 의사결정

| | | |
|---|---|---|
| 증분수익 | 300×0.8×2,800−300×2,000 = | ₩72,000 |
| 증분비용 | | 100,000 |
| 증분이익(손실) | | ₩(28,000) |

**[9–14]** ④

1) 결합원가의 배분

| 순실현가능가치 | 결합원가 |
|---|---|
| A 2,000개×₩800−₩400,000=₩1,200,000 (60%) | ₩300,000 |
| B 1,000개×₩1,500−₩700,000=₩800,000 (40%) | ₩200,000 |

2) 당기순이익

| | | |
|---|---|---|
| 매출 | 1,300개×₩800+800개×₩1,500= | ₩2,240,000 |
| 원가 A | (₩300,000+₩400,000)×1,300개/2,000개= | 455,000 |
| 원가 B | (₩200,000+₩700,000)×800개/1,000개= | 720,000 |
| 당기순이익 | | ₩1,065,000 |

**[9–15]** ③

| 제품 | 최종판매가치 | 추가가공원가 | 순실현가치 | 결합원가배부액 |
|---|---|---|---|---|
| X | ₩1,000,000 | ₩200,000 | ₩800,000 | ₩600,000 |
| Y | 1,800,000 | 600,000 | 1,200,000 | 900,000 |
| | ₩2,800,000 | ₩800,000 | ₩2,000,000 | ₩1,500,000 |

## 주 관 식

**[9–1]**

1. 제품C의 원가 : ₩15,000×(₩3,750/₩25,000)=₩2,250
   제품B의 원가 : ₩15,000−₩9,000−₩2,250=₩3,750

2. 분리점에서 A제품의 판매가치($x$)

   ₩15,000×($x$/₩25,000)=₩9,000

   ∴ $x$=₩15,000

## [9-2]

1) 물량흐름도

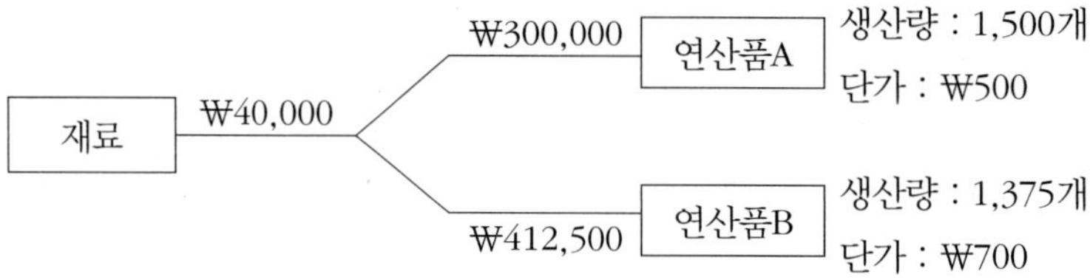


2) 결합원가 배부

| 제품 | 최종판매가치 | 추가비용 | 순실현가치 | 배부율 | 배부액 |
|---|---|---|---|---|---|
| A | 1,500×500=₩750,000 | ₩300,000 | ₩450,000 | 45% | ₩18,000 |
| B | 1,375×700=962,500 | 412,500 | 550,000 | 55% | 22,000 |
| | ₩1,712,500 | ₩712,500 | ₩1,000,000 | 100% | ₩40,000 |

## [9-3]

1) 물량흐름도

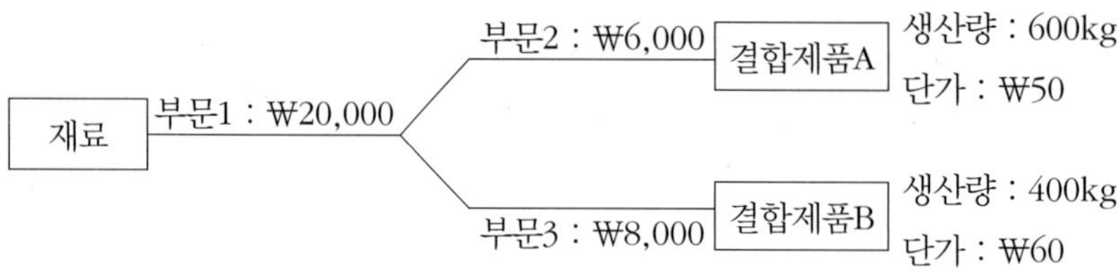


2) 결합원가 배부

| 제품 | 최종판매가치 | 추가비용 | 순실현가치 | 배부율 | 배부액 |
|---|---|---|---|---|---|
| A | 600×50=₩30,000 | ₩6,000 | ₩24,000 | 60% | ₩12,000 |
| B | 400×60=₩24,000 | 8,000 | 16,000 | 40% | 8,000 |
| 합계 | ₩54,000 | ₩14,000 | ₩40,000 | 100% | ₩20,000 |

∴ 단위당 A원가 : (₩6,000+₩12,000)/600kg=₩30

단위당 B원가 : (₩8,000+₩8,000)/400kg=₩40

### [9-4]

1) 물량흐름도

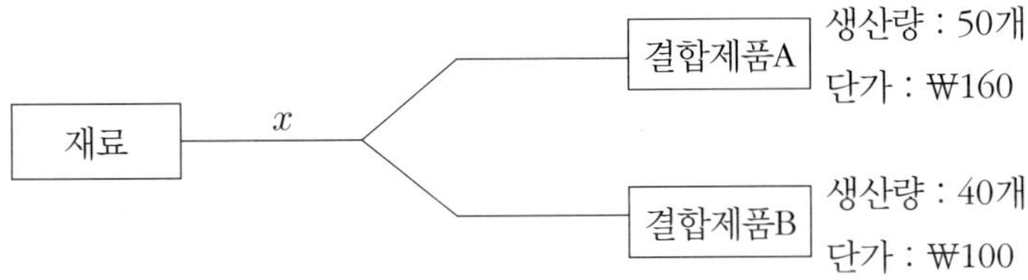


2) 총결합원가($x$)

| 제품 | 생산량 | 판매가격 | 판매가치 | 배부율 | 배부액 |
|---|---|---|---|---|---|
| A | 50개 | ₩160 | ₩8,000 | 2/3 | ₩24,000 |
| B | 40개 | 100 | 4,000 | 1/3 | 12,000 |
| 합계 | 90개 | | ₩12,000 | | ₩36,000 |

### [9-5]

1) 결합제품의 매출총이익률

| | 근거 | 금액 |
|---|---|---|
| 전체 매출액 | ₩200,000 + ₩300,000 | ₩500,000 |
| 전체 매출원가 | 180,000 + 80,000 | 260,000 |
| 전체 매출총이익 | | ₩240,000 |
| 매출총이익률 | | 48% |

2) 원가율 : 1 − 0.48 = 0.52

| 제품 | 매출액 | 원가율 | 매출원가 | 추가가공원가 | 배부액 |
|---|---|---|---|---|---|
| A | ₩200,000 | 52% | ₩104,000 | ₩0 | ₩104,000 |
| B | 300,000 | | 156,000 | 80,000 | 76,000 |
| 합계 | ₩500,000 | | ₩260,000 | ₩80,000 | ₩180,000 |

### [9-6]

• 결합원가 = 100,000단위 × ₩80 + ₩6,000,000 + ₩4,000,000 = ₩18,000,000

| 제품 | 순실현가치 | | 결합원가배분액 |
|---|---|---|---|
| 갑 | 60,000단위 × ₩200 = | ₩12,000,000(50%) | ₩9,000,000 |
| 을 | 40,000단위 × ₩350 − ₩2,000,000 = | ₩12,000,000(50%) | 9,000,000 |
| 합계 | | ₩24,000,000(100%) | ₩18,000,000 |

∴ 을제품의 단위당 원가 : (₩9,000,000 + ₩2,000,000) ÷ 40,000단위 = ₩275

## [9-7]

결합원가 : ₩1,000,000 + ₩1,000,000 = ₩2,000,000

| 제품 | 최종판매가치 | 추가비용 | 순실현가치 | 배분비율 | 결합원가배분액 | 추가가공원가 | 총원가 |
|---|---|---|---|---|---|---|---|
| A | ₩2,800,000 | | ₩2,800,000 | 40% | ₩800,000 | ₩0 | ₩800,000 |
| B | 5,000,000 | ₩800,000 | 4,200,000 | 60% | 1,200,000 | 800,000 | 2,000,000 |

∴ 따라서 B 매출총이익은 ₩5,000,000 − ₩2,000,000 = ₩3,000,000이고, 추가가공된 C제품의 매출총이익률은 ₩3,000,000/₩5,000,000 = 60%이다.

## [9-8]

- 회사전체수익 : 제품A 수익 ₩400,000(1,000단위 × ₩400)
  제품B 수익 ₩400,000(2,000단위 × ₩200)
  ₩800,000
- 회사전체원가 : 결합원가 ₩100,000
  추가가공원가 500,000(1,000단위 × ₩200 + 2,000단위 × ₩150)
  ₩600,000
- 매출원가율 : ₩600,000 ÷ ₩800,000 = 75%
- 결합제품 X에 배분될 결합원가 : 매출원가 ₩300,000(₩400,000 × 75%)
  − 추가가공원가 200,000(1,000단위 × ₩200)
  결합원가배부액 ₩100,000

## [9-9]

1) 물량흐름도(공정흐름도)

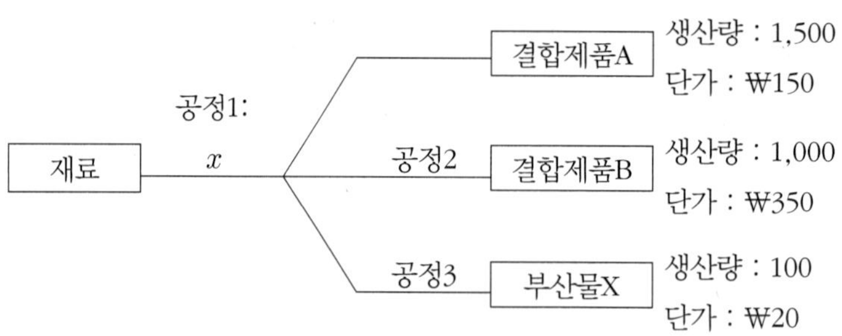


2) 제품의 단위당 원가산출

- 물량흐름

| 차변 | 금액 | 대변 | 금액 | 재료원가 | 가공원가 |
|---|---|---|---|---|---|
| 기초 | 5,000 | 기초완성 | 5,000 | 0 | 2,000 |
| 당기착수 | 25,000 | 당착완성 | 21,000 | 21,000 | 21,000 |
| | | 기말 | 4,000 | 4,000 | 2,000 |
| | 30,000 | | 30,000 | 25,000 | 25,000 |

| | 재료 | 가공원가 |
|---|---|---|
| 당기투입 | ₩250,000 | ₩125,000 |
| 환 산 량 | 25,000개 | 25,000개 |
| | ₩10 | ₩5 |

| 완성품 | 재료 | 가공원가 | 합계 | |
|---|---|---|---|---|
| 기초재공 | – | | ₩125,000 | 분리점에서의 |
| 당기투입 | 21,000×10 | 23,000×5 | 325,000 | 결합원가 |
| 합 계 | | | ₩450,000 | |
| 기말재공 | 40,000 | 10,000 | 50,000 | |

| 제품 | 최종 판매가치 | 추가비용 | 순실현가치 | 배부율 | 배부액 |
|---|---|---|---|---|---|
| A | 1,500×150=₩225,000 | ₩0 | ₩225,000 | 45% | ₩202,500 |
| B | 1,000×350=₩350,000 | 75,000 | 275,000 | 55% | 247,500 |
| 합계 | ₩575,000 | ₩75,000 | ₩500,000 | 100% | ₩450,000 |

• A제품 단위당 원가 : ₩202,500/1,500=₩135

• B제품 단위당 원가 : (₩75,000+₩247,500)/1,000=₩322.5

• 부산물 X의 단위당 원가 : ₩1,500/100=₩15

## [9–10]

폐기물의 가치를 무시함.

1) 물량흐름도(공정흐름도)

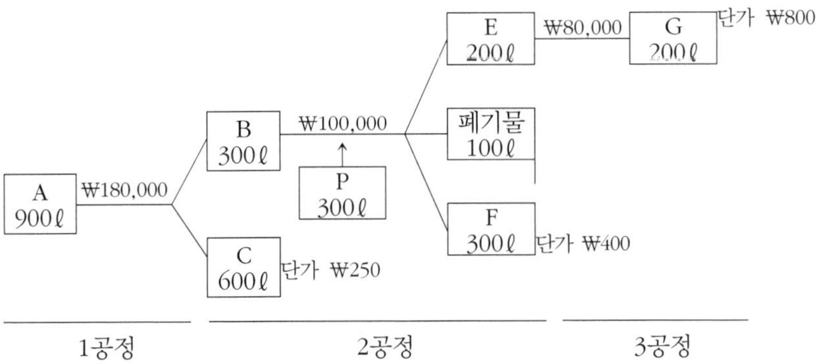

1. 두 번째 분리점 배부율

| 제품 | 최종판매가치 | 추가비용 | 순실현가치 | 배부율 |
|---|---|---|---|---|
| (E)G | ₩160,000 | ₩80,000 | ₩80,000 | 40% |
| F | 120,000 | 0 | 120,000 | 60% |
| 합계 | ₩280,000 | ₩80,000 | ₩200,000 | 100% |

2. 첫 번째 분리점 배부율

| 제품 | 최종판매가치 | 추가비용 | 순실현가치 | 배부율 |
|---|---|---|---|---|
| B | ₩200,000 | ₩100,000 | ₩100,000 | 40% |
| C | 150,000 | 0 | 150,000 | 60% |
| 합계 | ₩350,000 | ₩100,000 | ₩250,000 | 100% |

3. 첫 번째 분리점의 결합원가 배부

| 제품 | 결합원가 | 배부율 | 배부액 |
|---|---|---|---|
| B | | 40% | ₩72,000 |
| C | ₩180,000 | 60% | 108,000 |
| 합계 | ₩180,000 | 100% | ₩180,000 |

4. 두 번째 분리점에서 배부되어야 할 결합원가
=₩72,000+₩100,000=₩172,000

5. 두 번째 분리점의 결합원가 배부

| 제품 | 결합원가 | 배부율 | 배부액 |
|---|---|---|---|
| E(G) | ₩172,000 | 40% | ₩68,000 |
| F | | 60% | 103,200 |
| 합계 | ₩172,000 | 100% | ₩172,000 |

6. 제품별 총원가와 리터당 원가

| 제품 | 배부액 | 추가가공 | 총원가 | 생산량 | 단위원가 | 판매단가 |
|---|---|---|---|---|---|---|
| C | ₩108,000 | ₩0 | ₩108,000 | 600 | ₩180 | ₩250 |
| F | 108,000 | 0 | 103,200 | 300 | 344 | 400 |
| G | 68,800 | 80,000 | 148,800 | 200 | 744 | 800 |
| 합계 | | | ₩360,000 | | | |

**[9-11]**

1. 결합원가의 배분

부산물C의 판매가치　　100,000×₩15　₩1,500,000

| | | |
|---|---|---|
| 부산물C의 판매비용 | 100,000×₩5 | 500,000 |
| 부산물C의 순실현가치 | | ₩1,000,000 |

주제품에 배부될 결합원가 : ₩10,000,000 − ₩1,000,000 = ₩9,000,000

| | 생산량 | 판매가격 | 판매가치 | 배분비율 | 배부액 | 단위당원가 |
|---|---|---|---|---|---|---|
| 제품A | 300,000 | ₩40 | ₩12,000,000 | 33.3% | ₩3,000,000 | ₩10 |
| 제품B | 400,000 | 60 | 24,000,000 | 66.7% | 6,000,000 | 15 |
| | 700,000 | | ₩36,000,000 | 100% | ₩9,000,000 | |

2. 제품라인별 매출원가

| | 제품A | | 제품B | |
|---|---|---|---|---|
| 기초제품 | 40,000단위 | ₩360,000 | 20,000단위 | ₩300,000 |
| 당기제조 | 300,000 | 3,000,000 | 400,000 | 6,000,000 |
| 기말제품 | 30,000 | (300,000) | 30,000 | (450,000) |
| 매출원가 | | ₩3,060,000 | | ₩5,850,000 |

3. 제품라인별 손익계산서

| | 제품A | | 제품B | |
|---|---|---|---|---|
| 매출액 | 310,000×₩40 | ₩12,400,000 | 390,000×₩60 | ₩23,400,000 |
| 매출원가 | | 3,060,000 | | 5,850,000 |
| 매출총이익 | | ₩9,340,000 | | ₩17,550,000 |
| 판매비 | | 2,500,000 | | 2,500,000 |
| 영업이익 | | ₩6,840,000 | | ₩15,050,000 |

**[9–12]**

1. 결합원가의 배분

| | 생산량 | 판매가격 | 판매가치 | 배분비율 | 배부액 | 단위당원가 |
|---|---|---|---|---|---|---|
| 제품A | 300,000 | ₩40 | ₩12,000,000 | 32% | ₩3,200,000 | ₩10.67 |
| 제품B | 400,000 | 60 | 24,000,000 | 64% | 6,400,000 | 16.00 |
| 제품C | 100,000 | 15 | 1,500,000 | 4% | 400,000 | 4.00 |
| | 800,000 | | ₩37,500,000 | 100% | ₩10,000,000 | |

2. 제품라인별 매출원가

| | 제품A | | 제품B | | 제품C | |
|---|---|---|---|---|---|---|
| 기초제품 | 40,000단위 | ₩360,000 | 20,000단위 | ₩300,000 | 4,000단위 | ₩20,000 |
| 당기제조 | 300,000 | 3,200,000 | 400,000 | 6,400,000 | 100,000 | 400,000 |
| 기말제품 | 30,000 | 320,000 | 30,000 | 480,000 | 4,000 | 16,000 |
| 매출원가 | | ₩3,240,000 | | ₩6,220,000 | | ₩404,000 |

* 제품A는 단위당 원가의 반올림에 따른 단가 차이로 금액의 차이가 존재할 수 있음

3. 제품라인별 손익계산서

| | 제품A | | 제품B | | 제품C | |
|---|---|---|---|---|---|---|
| 매출액 | 310,000×₩40 | ₩12,400,000 | 390,000×₩60 | ₩23,400,000 | 100,000×₩15 | ₩1,500,000 |
| 매출원가 | | 3,240,000 | | 6,220,000 | | 404,000 |
| 매출총이익 | | ₩9,160,000 | | ₩17,180,000 | | ₩1,096,000 |
| 판매비 | | 2,500,000 | | 2,500,000 | 100,000×₩5 | 500,000 |
| 영업이익 | | ₩6,660,000 | | ₩14,680,000 | | ₩596,000 |

## [9–13]

순실현가능액

PP : ₩10,000×20－₩40,000＝ ₩160,000 (배부율 32%)

KK : ₩ 5,000×80－₩60,000＝ 340,000 (배부율 68%)

₩500,000

결합원가배분

PP : ₩30,000×0.32＝₩9,600

KK : ₩30,000×0.68＝₩20,400

## [9–14]

결합원가 ₩1,000,000을 순실현가치 기준으로 배분

유연휘발유의 순실현가치 : 8,000×₩95－₩40,000＝₩720,000

무연휘발유의 순실현가치 : 12,000×₩120－₩160,000＝₩1,280,000

유연휘발유의 제조원가 : $₩1,000,000 \times \frac{₩720,000}{₩720,00 + ₩1,280,000} + ₩40,000$

＝₩400,000

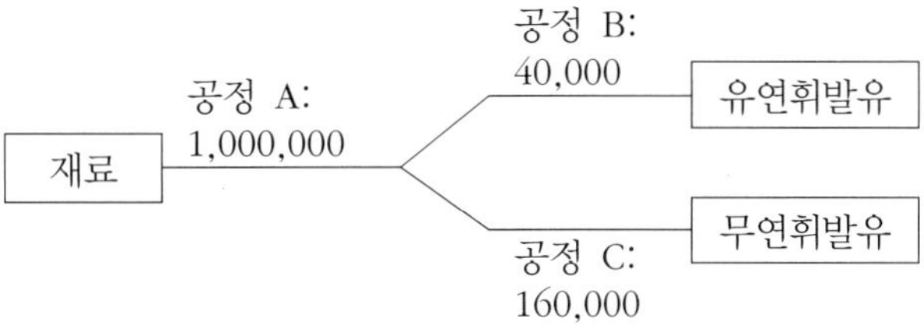


[9-15]

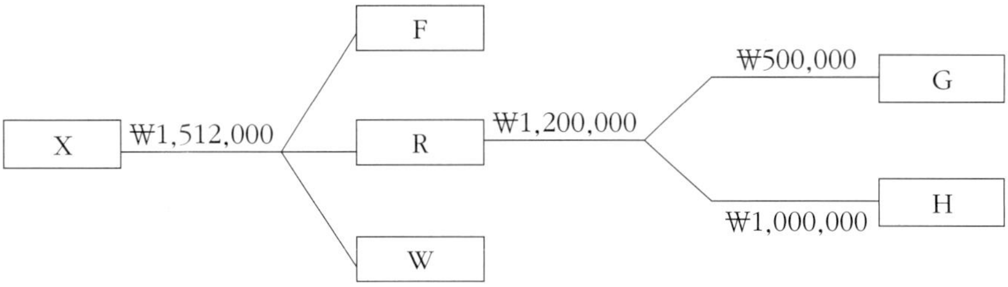


1.

1) 두 번째 분리점 배부율

| 제품 | 최종판매가치 | 추가비용 | 순실현가치 | 배부율 |
|---|---|---|---|---|
| G | ₩1,000,000 | ₩500,000 | ₩500,000 | 1/3 |
| H | 2,000,000 | 1,000,000 | 1,000,000 | 2/3 |
| 합계 | ₩3,000,000 | ₩1,500,000 | ₩1,500,000 | 100% |

2) 첫 번째 분리점 배부율

| 제품 | 최종판매가치 | 추가비용 | 순실현가치 | 배부율 |
|---|---|---|---|---|
| F | ₩1,700,000 | ₩0 | ₩1,700,000 | 85% |
| R | 1,500,000 | 1,200,000 | 300,000 | 15% |
| 합계 | ₩3,200,000 | ₩1,200,000 | ₩2,000,000 | 100% |

3) 첫 번째 분리점의 결합원가 배부 : ₩1,512,000 − (120 × 100) = ₩1,500,000

| 제품 | 결합원가 | 배부율 | 배부액 |
|---|---|---|---|
| F | ₩1,500,000 | 85% | ₩1,275,000 |
| R | | 15% | 225,000 |
| 합계 | ₩1,500,000 | 100% | ₩1,500,000 |

4) 두 번째 분리점에서 배부되어야 할 결합원가

= ₩1,200,000 + ₩225,000 = ₩1,425,000

5) 두 번째 분리점의 결합원가 배부

| 제품 | 결합원가 | 배부율 | 배부액 |
|---|---|---|---|
| G | ₩1,425,000 | 1/3 | ₩475,000 |
| H | | 2/3 | 950,000 |
| 합계 | ₩1,425,000 | 100% | ₩1,425,000 |

2. 제품별 총원가와 리터당 원가

| 제품 | F | G | H | W(부산물) |
|---|---|---|---|---|
| 총원가 | ₩1,275,000 | ₩975,000 | ₩1,950,000 | ₩12,000 |
| 생산량 | 1,000 | 1,000 | 1,000 | 120 |
| 리터당 원가 | ₩1,275 | ₩975 | ₩1,950 | ₩100 |

3. W가 폐기물이라면 G의 원가

- 폐기물 W의 순실현가치 : －₩50×120개＝－₩6,000
- 1차분리점 결합원가 R에 배부 : (₩1,512,000＋₩6,000)×15%＝₩227,700
- 2차분리점 결합원가 G에 배부 : (W227,700＋ ₩1.200,000)×1/3＝₩475,900
- 따라서 ₩475,900＋₩500,000＝₩975,900

4. H의 최소판매가격

증분수익

| | | | |
|---|---|---|---|
| G매출액 | 1,000×₩1,000＝₩1,000,000 | | |
| H매출액 | 1000×P ＝ | 1,000P | ₩1,000,000＋1,000P |

증분비용

| | | | |
|---|---|---|---|
| R매출액 | 2,000×₩500＝₩1,000,000 | | |
| 추가가공원가 | | 2,700,000* | ₩3,700,000 |

증분이익 ₩1,000,000＋1,000P－₩3,700,000

*1,200,000＋500,000＋1,000,000＝2,700,000

∴ 1,000,000＋1,000P－3,700,000＞0

∴ P＞₩2,700

## 객관식

[10-1] ③

- 재고자산수량의 증감과 관계없이 전부원가계산의 기말재고자산금액이 변동원가계산보다 더 크다. 왜냐하면 전부원가계산에서는 기말재고자산금액에 고정제조간접원가가 포함되어 있기 때문이다.
- 변동판매관리비는 원가계산방법과 관계없이 기간비용이다.
- 생산량을 전혀 판매하지 못하면 기말재고자산이 증가하게 되므로 전부원가계산 영업이익이 변동원가계산 영업이익보다 커진다.
- 초변동원가계산에서는 직접재료원가를 제외한 모든 원가를 기간비용으로 처리하므로 제조간접원가를 고정원가와 변동원가로 구분하지 않아도 된다.
- 초변동원가계산에서는 재고자산이 증가하면 이익이 감소하게 되므로 재고누적에 대하여 벌금을 부과하는 효과가 있다.

[10-2] ②

[10-3] ③

판매량이 생산량보다 큰 경우 전부원가계산의 순이익이 초변동원가계산의 순이익보다 작게 나타난다.

[10-4] ③

– 고정제조간접원가 : ₩1,015,000 – (7,000단위 × ₩120) = ₩175,000

〈변동원가계산하의 손익계산서〉

| | |
|---|---|
| 매출액(6,000단위 × ₩450) | ₩2,700,000 |
| 변동원가 | |
| 변동매출원가(6,000단위 × ₩120) | 720,000 |
| 변동판매관리비(6,000단위 × ₩20) | 120,000 |
| 공헌이익 | ₩1,860,000 |

| | |
|---|---|
| 고정원가 | |
| 고정제조간접원가 | 175,000 |
| 고정판매관리비 | ? |
| 영업이익 | ₩1,200,000 |
| ∴ 고정판매관리비 | ₩485,000 |

**[10-5]** ②

| | |
|---|---|
| 변동원가계산의 매출총이익 | ₩210 |
| (−)기초재고자산에 포함된 고정제조간접원가(20개×₩1,350/90개) | 300 |
| (+)기말재고자산에 포함된 고정제조간접원가(30개×₩1,400/100개) | 420 |
| 전부원가계산의 매출총이익 | ₩330 |

**[10-6]** ①

−단위당 고정제조간접원가=₩2,000/1,000단위=₩2

−이익증가분 ₩200=?×₩2

∴ 100단위

**[10-7]** ②

• 고정제조간접원가배부율 $= \dfrac{600,000}{200,000} =$ ₩3

• 손익계산서

| | | |
|---|---|---|
| 매　　출 | ₩40×120,000= | ₩4,800,000 |
| 매출원가 | (₩30+3)×120,000= | 3,960,000 |
| 매출총이익 | | ₩840,000 |
| 판매관리비 | | 400,000 |
| 영업이익 | | ₩440,000 |

**[10-8]~[10-9]** ⑤, ③

• 변동원가계산 영업이익

| 변동원가계산 | | |
|---|---|---|
| 매 출 액 | 2,500×500= | ₩1,250,000 |
| 변동원가 | 2,500×(100+150+50)= | 750,000 |
| 고정원가 | 180,000+120,000= | 300,000 |
| 영업이익 | | ₩200,000 |

• 초변동원가계산 영업이익

| | 초변동원가계산 | |
|---|---|---|
| 매 출 액 | 2,500×₩500= | ₩1,250,000 |
| 직접재료원가 | 2,500×100= | 250,000 |
| 운 영 비 | 3,000×150= | 450,000 |
| | 2,500×50= | 125,000 |
| | ₩180,000+₩120,000= | 300,000 |
| 영업이익 | | ₩125,000 |

## [10-10] ⑤

• 3월의 기말재고(=4월의 기초재고) : 0+8,000−7,000=1,000단위

• 4월의 기말재고 : 1,000+9,000−10,000=0

• 고정제조간접원가배부율

3월 ₩1,600,00÷8,000=₩200

4월 ₩1,620,000÷9,000=₩180

• 전부원가계산의 영업이익

=변동원가계산의 영업이익+기말재고의 고정제조간접원가

−기초재고의 고정제조간접원가

=₩1,200,000+(₩180×0)−₩200×1,000=₩1,000,000

## [10-11] ③

| | | |
|---|---|---|
| 전부원가계산하의 이익 | | $X$ |
| 기초재고의 고정제조간접원가(+) | | $Y$ |
| 기말재고의 고정제조간접원가(−) | 30,000×₩5 | ₩150,000 |
| 변동원가계산하의 이익 | | $X$+₩12,000 |

∴ $X$+ $Y$−₩150,000=$X$+₩12,000

따라서 $Y$=₩162,000

기초재고수량 : ₩162,000÷₩5=32,400단위

## [10-12] ③

• 20×4년 기말재고수량 : 기초(0개)+생산량(12,000개)−판매량(10,000개)=2,000개

• 20×5년 기말재고수량 : 기초(2,000개)+생산량(14,000개)−판매량(15,000개)
=1,000개

| | |
|---|---:|
| • 변동원가계산이익 | ₩500,000 |
| −)기초재고에 포함된 고정제조간접원가 : ₩90,000×2,000개/12,000개 | 15,000 |
| +)기말재고에 포함된 고정제조간접원가 : ₩98,000원×1,000개/14,000개 | 7,000 |
| • 전부원가계산이익 | ₩492,000 |

**[10–13]** ⑤

- 단위당 고정제조간접원가 : 45,000,000÷3,000=₩15,000
- 기말재고수량(A) : A×15,000=15,000,000　　∴ A=1,000개
- 당기 판매량 : 3,000−1,000=2,000개

**[10–14]** ①

- 공헌이익=영업이익(₩175,000)+고정원가총액(₩107,200)=₩282,200
- 당기매출원가(변동원가)=매출(₩325,000)−공헌이익(₩282,200)=₩42,800
- 당기매출수량=제조수량(5,800단위)−기말수량(450단위)=5,350단위
- 제품단위당 매출원가=당기매출원가(₩42,800)/당기매출수량(5,350단위)=₩8

**[10–15]** ④

| 항 목 | 산 식 | 결 과 |
|---|---:|---:|
| 매출액 | | ₩1,000,000 |
| 직접재료원가 | | |
| 기초재고 | ₩0 | |
| 당기투입 | 455,000 | |
| 기말재고 | (100,000) | 355,000 |
| 재료처리량 공헌이익 | | ₩645,000 |
| 직접노무원가 | (₩455,000+직접노무원가)×30%=직접노무원가 | 195,000 |
| 제조간접원가 | (₩195,000+제조간접원가)×40%=제조간접원가 | 130,000 |
| 판매관리비 | | 200,000 |
| 초변동원가계산 영업이익 | | ₩120,000 |

## 주관식

### [10-1]

1. 기말재고자산

판매량$=\dfrac{₩600,000}{₩15}=$ 40,000단위

생산량=매월 35,000단위

단위당변동제조원가$=\dfrac{₩315,000}{35,000}=$₩9/단위

단위당 고정제조간접원가 배부액$=\dfrac{₩105,000}{35,000}=$₩3/단위

단위당 제조원가=단위당 변동제조원가+단위당 고정제조간접원가

=₩9+₩3=₩12

기말재고수량$=\dfrac{₩27,000}{₩9}=$3,000단위

기말재고자산=3,000×₩12=₩36,000

2. 전부원가계산 손익계산서

| | | | |
|---|---|---|---|
| 매 출 액 | | | ₩600,000 |
| 매출원가 | | | |
| 기초재고 | 8,000×₩12 | ₩96,000 | |
| 당기제조원가 | 35,000×₩12 | 420,000 | |
| 기말재고 | 3,000×₩12 | 36,000 | 480,000 |
| 매출총이익 | | | ₩120,000 |
| 판매관리비 | | | |
| 변동판매관리비 | 40,000×₩2 | ₩80,000 | |
| 고정판매관리비 | | 35,000 | 115,000 |
| 순 이 익 | | | ₩5,000 |

| | 20×4년 9월 |
|---|---|
| 변동원가계산에 의한 순이익 | ₩20,000 |
| (+) 기말재고에 포함된 고정제조간접원가 | 9,000(3,000×₩3) |
| (−) 기초재고에 포함된 고정제조간접원가 | 24,000(8,000×₩3) |
| 전부원가계산에 의한 순이익 | ₩ 5,000 |

## [10-2]

1. 전부원가계산에 의한 매출원가

   제품단위당원가 = 직접재료원가 + 직접노무원가 + 변동제조간접원가
   + 고정제조간접원가

   생산량 12,000단위 = ₩200 + ₩100 + ₩150 + ₩1,200,000/12,000단위 = ₩550

   생산량 15,000단위 = ₩200 + ₩100 + ₩150 + ₩1,200,000/15,000단위 = ₩530

매출원가

   생산량 12,000단위 : 10,000단위 × ₩550 = ₩5,500,000

   생산량 12,000단위 : 10,000단위 × ₩530 = ₩5,300,000

2. 변동원가계산에 의한 매출원가

   생산량 12,000단위 : 10,000단위 × ₩450 = ₩4,500,000

   생산량 12,000단위 : 10,000단위 × ₩450 = ₩4,500,000

3. 전부원가계산시 고정제조간접원가

| | 생산량 12,000단위 | 생산량 15,000단위 |
|---|---|---|
| 비용(매출원가)처리된 조정제조간접원가 | 10,000 × ₩100<br>= ₩1,000,000 | 10,000 × ₩80<br>= ₩800,000 |
| 자산으로 이연된 고정제조간접원가 | 2,000 × ₩100<br>= ₩200,000 | 5,000 × ₩80<br>= ₩400,000 |
| 합 계 | ₩1,200,000 | ₩1,200,000 |

4. 변동원가계산시 고정제조간접원가

변동원가계산에서는 고정제조간접원가가 전액 기간비용으로 처리되므로 생산량과 관계없이 ₩1,200,000 전액이 발생한 회계연도에 비용으로 처리된다.

   생산량 12,000단위 : 비용처리 ₩1,200,000, 자산으로 이연 ₩0

   생산량 15,000단위 : 비용처리 ₩1,200,000, 자산으로 이연 ₩0

## [10-3]

고정제조간접원가 예정배부율 $= \frac{₩6,000,000}{120,000} =$ ₩50/단위

| | | |
|---|---|---|
| 변동원가계산에 의한 순이익 | ₩1,000,000 | |
| (+) 기말재고에 포함된 고정제조간접원가 | 500,000 | (10,000 × ₩50) |
| (−) 기초재고에 포함된 고정제조간접원가 | 1,000,000 | (20,000 × ₩50) |
| 전부원가계산에 의한 순이익 | ₩ 500,000 | |

## [10-4]

1. 전부원가계산에 의한 단위당 제조원가

$$\text{단위당 고정제조간접원가} = \frac{₩600,000}{10,000} = ₩60/\text{단위}$$

단위당 제조원가

| | |
|---|---|
| 직접재료원가 | ₩500 |
| 직접노무원가 | 200 |
| 변동제조간접원가 | 100 |
| 고정제조간접원가 | 60 |
| | ₩860 |

2. 변동원가계산에 의한 단위당 제조원가

단위당 제조원가

| | |
|---|---|
| 직접재료원가 | ₩500 |
| 직접노무원가 | 200 |
| 변동제조간접원가 | 100 |
| | ₩800 |

3. 전부원가계산에 의한 기말제품재고액

기말재고수량 = 10,000 − 9,500 = 500단위

기말재고액 = 500 × ₩860 = ₩430,000

4. 순이익의 차이

| | |
|---|---|
| 변동원가계산 순이익 | $x$ |
| (+) 기말재고에 포함된 고정제조간접원가 | ₩30,000(500 × ₩60) |
| (−) 기초재고에 포함된 고정제조간접원가 | 0 |
| 전부원가계산 순이익 | $x$ + ₩30,000 |

∴ 변동원가계산에 의한 순이익이 전부원가계산에 의한 순이익보다 ₩30,000 만큼 작다.

## [10-5]

1.

| | 20×4년 | 20×5년 | |
|---|---|---|---|
| 매출액 | 10,000개 × ₩100 = ₩1,000,000 | 12,000개 × ₩100 = | ₩1,200,000 |
| 매출원가 | | | |
| 기초제품재고액 | 0 | 4,000개 × ₩60 = | 240,000 |
| 당기제품제조원가 | 14,000개 × ₩60* = 840,000 | 10,000개 × ₩68* = | 680,000 |

| | | | |
|---|---|---|---|
| 기말제품재고액 | 4,000개×₩60=(240,000) | 2,000개×₩68 = | (136,000) |
| | ₩600,000 | | ₩784,000 |
| 매출총이익 | ₩400,000 | | ₩416,000 |
| 판매관리비 | 160,000 | | 180,000 |
| 영업이익 | ₩240,000 | | ₩236,000 |

* 전부원가계산에 의한 제품 단위당원가

| | 20×4년 | 20×5년 |
|---|---|---|
| 변동제조원가 | ₩560,000÷14,000개=₩40 | ₩400,000÷10,000개=₩40 |
| 고정제조원가 | ₩280,000÷14,000개=₩20 | ₩280,000÷10,000개=₩28 |
| 합　　계 | ₩60 | ₩68 |

2.

| | 20×4년 | 20×5년 |
|---|---|---|
| 전부원가계산에 의한 영업이익 | ₩240,000 | ₩236,000 |
| (−) 기말재고에 포함된 고정제조간접원가 | (80,000)* | (56,000)** |
| (+) 기초재고에 포함된 고정제조간접원가 | 0 | 80,000 |
| 변동원가계산에 의한 영업이익 | ₩160,000 | ₩260,000 |

*4,000개×₩20=₩80,000

**2,000개×₩28=₩56,000

## [10-6]

- 총공헌이익=(₩1,000−₩500)×80,000개=₩40,000,000
  총고정원가=₩12,000,000+₩7,000,000 =₩19,000,000
  변동원가계산이익 =₩21,000,000

## [10-7]

1. 변동원가계산 손익계산서

| | | | |
|---|---|---|---|
| 매출액 230,000×₩500 | | | ₩115,000,000 |
| 변동원가 | | | |
| 변동매출원가 | | | |
| 기초재고 10,000×₩300 | ₩3,000,000 | | |
| 당기제조 240,000×₩300 | 72,000,000 | | |
| 기말재고 20,000×₩300 | 6,000,000 | ₩69,000,000 | |
| 변동판매비와 관리 230,000×₩100 | | ₩23,000,000 | 92,000,000 |
| 공헌이익 | | | ₩23,000,000 |

| | | |
|---|---|---|
| 고정원가 | | |
| 고정제조간접원가 | ₩5,000,000 | |
| 고정판매비와 관리비 | 7,000,000 | 12,000,000 |
| 순 이 익 | | ₩11,000,000 |

2. 전부원가계산에 의한 손익계산서

$$\text{제조간접원가 배부율} = \frac{₩5,000,000}{200,000} = ₩25$$

단위당 제조원가 = 변동제조원가 + 고정제조간접원가 배부율

= ₩300 + ₩25 = ₩325

제조간접원가 배부액 = 240,000 × ₩25 = ₩6,000,000

제조간접원가 배부차이 = ₩6,000,000 − ₩5,000,000 = ₩1,000,000 과대배부

전부원가계산 손익계산서

| | | |
|---|---|---|
| 매출액 | | ₩115,000,000 |
| 매출원가 | | |
| 기초재고 10,000 × ₩325 | ₩3,250,000 | |
| 당기제조 240,000 × ₩325 | 78,000,000 | |
| 기말재고 20,000 × ₩325 | 6,500,000 | |
| 조정전 매출원가 | ₩74,750,000 | |
| 가산 : 제조간접원가 과대배부 | (1,000,000) | 73,750,000 |
| 매출총이익 | | ₩41,250,000 |
| 판매비와 관리비 | | |
| 변동비 230,000 × ₩100 | ₩23,000,000 | |
| 고정비 | 7,000,000 | 30,000,000 |
| 순 이 익 | | ₩11,000,000 |

3. 순이익 차이조정

| | |
|---|---|
| 전부원가계산 순이익 | ₩11,250,000 |
| +) 기초재고에 포함된 고정제조간접원가 10,000 × ₩25 | 250,000 |
| −) 기말재고에 포함된 고정제조간접원가 20,000 × ₩25 | (500,000) |
| 변동원가계산에 의한 영업이익 | ₩11,000,000 |

[10-8]

1. 기말재고수량 = 2,000 + 25,000 − 20,000 = 7,000개

전부원가 기말재고액 = 7,000개 × ₩1,000 = ₩7,000,000

기말재고 고정제조간접원가 = 7,000개 × ₩200 = ₩1,400,000
단위당 고정제조간접원가 = 5,000,000/25,000 = ₩200
따라서 변동원가계산의 기말재고액 = ₩5,600,000

2. 전부원가계산에서는 고정제조간접원가가 제조원가로 분류되어 기말재고수량에 포함되지만, 변동원가계산에서는 기간비용으로 처리되어 기말재고자산에 포함되지 않는다. 따라서 전부원가계산에 따른 기말재고 자산이 변동원가계산에 의할 때 보다 높게 나타난다.

**[10–9]**

1. 단위당 제조원가

| | 전부원가계산 | 변동원가계산 |
|---|---|---|
| 직접재료원가(₩60,000,000 ÷ 30,000) | ₩2,000 | ₩2,000 |
| 직접노무원가(₩45,000,000 ÷ 30,000) | 1,500 | 1,500 |
| 변동제조간접원가(₩21,000,000 ÷ 30,000) | 700 | 700 |
| 고정제조간접원가(₩30,000,000 ÷ 30,000) | 1,000 | – |
| 합계 | ₩5,200 | ₩4,200 |

기말재고자산

전부원가계산 : 3,000 × ₩5,200 = ₩15,600,000

변동원가계산 : 3,000 × ₩4,200 = ₩12,600,000

2.

1) 전부원가계산의 손익계산서

| | | |
|---|---|---|
| 매출액(27,000 × ₩8,000) | | ₩216,000,000 |
| 매출원가(27,000 × ₩5,200) | | 140,400,000 |
| 매출총이익 | | 75,600,000 |
| 판매관리비 | | |
| 변동원가 | ₩15,000,000 | |
| 고정원가 | 42,000,000 | 57,000,000 |
| 당기순이익 | | ₩18,600,000 |

2) 변동원가계산의 손익계산서

| | | |
|---|---|---|
| 매출액(27,000 × ₩8,000) | | ₩216,000,000 |
| 변동원가 | | |
| 매출원가(27,000 × ₩4,200) | ₩113,400,000 | |
| 판매관리비 | 15,000,000 | 128,400,000 |

| | | |
|---|---|---|
| 공헌이익 | | ₩87,600,000 |
| 고정원가 | | |
| 제조간접원가 | ₩30,000,000 | |
| 판매관리비 | 42,000,000 | 72,000,000 |
| 당기순이익 | | ₩15,600,000 |

3. 순이익 차이조정

| | |
|---|---|
| 전부원가계산에 의한 순이익 | ₩18,600,000 |
| 조정사항 | |
| 차감 : 기말재고자산에 포함된 고정제조간접원가(3,000 ×₩1,000) | 3,000,000 |
| 가산 : 기초재고자산에 포함된 고정제조간접원가 | 0 |
| 변동원가계산에 의한 순이익 | ₩15,600,000 |

4. 기업회계기준에서는 외부보고목적으로 전부원가계산이 요구되고 있기 때문에 전부원가계산에 의한 손익계산서 작성이 필요하다. 그러나 영업활동의 결과를 측정하기 위한 내부보고 목적으로는 매출뿐만 아니라 생산과도 함수관계에 있는 전부원가계산제도는 부적절한 측면이 있다. 따라서 기업의 제반 관리적 의사결정에 도움을 주고 영업활동에 대한 적절한 정보를 제공하는 변동원가계산에 의한 재무제표 작성도 필요한 것이다.

## [10–10]

1. 순이익 = 공헌이익 − 고정원가

= (판매가격 − 단위당 변동제조원가 − 단위당 변동판매관리비)

× 판매량 − 고정원가

= (₩20 − ₩8 − ₩2) × 14,000 − (₩54,000 + ₩30,000) = ₩56,000

| | | | | |
|---|---|---|---|---|
| 매출액 | 14,000 × ₩20 | | | ₩280,000 |
| 변동원가 | | | | |
| 변동매출원가 | | | | |
| 기초재고 | 1,000 × ₩8 | ₩8,000 | | |
| 당기제조 | 15,000 × ₩8 | 120,000 | | |
| 기말재고 | 2,000 × ₩8 | 16,000 | ₩112,000 | |
| 변동판매관리비 | 14,000 × ₩2 | | 28,000 | 140,000 |
| 공헌이익 | | | | ₩140,000 |
| 고정원가 | | | | |
| 고정제조간접원가 | | | ₩54,000 | |

| | | | |
|---|---|---|---|
| 고정판매관리비 | | 30,000 | 84,000 |
| 순 이 익 | | | ₩56,000 |

2. 정상조업도에 의한 순이익

고정제조간접원가 배부율 $= \dfrac{₩54,000}{18,000} = ₩3$

단위당 제조원가 = 변동제조원가 + 고정제조간접원가 배부율

= ₩8 + ₩3 = ₩11

제조간접원가 배부액 = 15,000 × ₩3 = ₩45,000

제조간접원가 부족배부액 = ₩54,000 − ₩45,000 = ₩9,000

| | | | |
|---|---|---|---|
| 매출액 | | | ₩280,000 |
| 매출원가 | | | |
| 기초재고 | 1,000 × ₩11 | ₩11,000 | |
| 당기제조 | 15,000 × ₩11 | 165,000 | |
| 기말재고 | 2,000 × ₩11 | 22,000 | |
| 조정전 매출원가 | | ₩154,000 | |
| 제조간접원가 부족배부 | | 9,000 | 163,000 |
| 매출총이익 | | | ₩117,000 |
| 판매관리비 | | | |
| 변동원가 | 14,000 × ₩2 | ₩28,000 | |
| 고정원가 | | 30,000 | 58,000 |
| 순 이 익 | | | ₩59,000 |

3. 정상조업도에 의한 순이익

제조간접원가 배부율 $= \dfrac{₩54,000}{20,000} = ₩2.7$

단위당 제조원가 = 변동제조원가 + 고정제조간접원가 배부율

= ₩8 + ₩2.7 = ₩10.7

제조간접원가 배부액 = 15,000 × ₩2.7 = ₩40,500

제조간접원가 부족배부액 = ₩54,000 − ₩40,500 = ₩13,500

| | | | |
|---|---|---|---|
| 매출액 | | | ₩280,000 |
| 매출원가 | | | |
| 기초재고 | 1,000 × ₩10.7 | ₩10,700 | |
| 당기제조 | 15,000 × ₩10.7 | 160,500 | |

| | | | |
|---|---|---|---|
| 기말재고 | 2,000×₩10.7 | 21,400 | |
| 조정전 매출원가 | | ₩149,800 | |
| 제조간접원가 부족배부 | | 13,500 | 163,300 |
| 매출총이익 | | | ₩116,700 |
| 판매관리비 | | | |
| 변동원가 | 14,000×₩2 | ₩28,000 | |
| 고정원가 | | 30,000 | 58,000 |
| 순 이 익 | | | ₩58,700 |

**[10–11]**

1. 전부원가계산의 손익계산서

당기제품제조원가(단위당) : (₩125,000+150,000+155,000) / 40,000단위
=₩10.75

| | | |
|---|---|---|
| 매출 | 35,000×₩100 | ₩3,500,000 |
| 매출원가 | | |
| 기초재고 | 10,000×₩50=₩500,000 | |
| 당기제품제조원가 | 40,000×₩10.75=₩430,000 | |
| 기말재고 | 15,000×₩10.75=₩161,250 | 768,750 |
| 매출총이익 | | 2,731,250 |
| 판매관리비 | | 320,000 |
| 영업이익 | | 2,411,250 |

2. 변동원가계산의 손익계산서

변동원가 : 당기제품제조원가(단위당) : (₩125,000+₩150,000+₩85,000)/40,000단위
=₩9

변동판매관리비 : ₩140,000/35,000단위=₩4

고정원가 : 당기제품제조원가(단위당) : ₩70,000/40,000=₩1.75

| | | |
|---|---|---|
| 매출 | 35,000×₩100 | ₩3,500,000 |
| 변동원가 | | |
| 매출원가 | | |
| 기초재고 | 10,000단위×₩30=₩300,000 | |
| 당기제품제조원가 | 40,000×₩9=₩360,000 | |
| 기말재고 | 15,000×₩9=₩135,000 | 525,000 |
| 변동판매관리비 | 35,000×₩4=₩140,000 | 140,000 |
| 공헌이익 | | ₩2,835,000 |

| | |
|---|---|
| 고정제조간접원가 | 70,000 |
| 고정판매관리비 | 180,000 |
| 영업이익 | ₩2,585,000 |

3. 순이익 조정

전부원가계산과 변동원가계산의 영업이익 차이 : ₩191,250

| | | |
|---|---|---|
| 전부원가계산하의 영업이익 | | ₩2,411,250 |
| 기초제품의 고정제조간접원가 | 10,000단위×₩20 | 200,000 |
| 기말제품의 고정제조간접원가 | 15,000단위×₩1.75 | 26,250 |
| 변동원가계산의 영업이익 | | ₩2,585,000 |

## [10-12]

1.

| 변동원가계산 | 1월 | | 2월 | | 3월 | |
|---|---|---|---|---|---|---|
| 매출 | | ₩17,500,000 | | ₩20,000,000 | | ₩37,500,000 |
| 변동원가 | | | | | | |
| 매출원가 | | | | | | |
| 기초 | ₩0 | | ₩2,700,000 | | ₩2,700,000 | |
| 당기 | 9,000,000 | | 7,200,000 | | 11,250,000 | |
| 기말 | 2,700,000 | | 2,700,000 | | 450,000 | |
| 변동판관비 | 4,200,000 | 10,500,000 | 4,800,000 | 12,000,000 | 9,000,000 | 22,500,000 |
| 공헌이익 | | 7,000,000 | | 8,000,000 | | 15,000,000 |
| 고정원가 | | | | | | |
| 제조간접원가 | 4,000,000 | | 4,000,000 | | 4,000,000 | |
| 판관비 | 1,400,000 | 5,400,000 | 1,400,000 | 5,400,000 | 1,400,000 | 5,400,000 |
| 영업이익 | | 1,600,000 | | 2,600,000 | | 9,600,000 |

| 전부원가계산 | 1월 | | 2월 | | 3월 | |
|---|---|---|---|---|---|---|
| 매출 | | ₩17,500,000 | | ₩20,000,000 | | ₩37,500,000 |
| 매출원가 | | | | | | |
| 기초 | ₩0 | | ₩3,900,000 | | ₩4,200,000 | |
| 당기 | 13,000,000 | | 11,200,000 | | 15,250,000 | |
| 기말 | 3,900,000 | 9,100,000 | 4,200,000 | 10,900,000 | 610,000 | 18,840,000 |
| 매출총이익 | | 8,400,000 | | 9,100,000 | | 18,660,000 |
| 판매비 | | 5,600,000 | | 6,200,000 | | 10,400,000 |
| 영업이익 | | ₩2,800,000 | | ₩2,900,000 | | ₩8,260,000 |

2.

| 스루풋원가계산 | 1월 | | 2월 | | 3월 | |
|---|---|---|---|---|---|---|
| 매출 | | ₩17,500,000 | | ₩20,000,000 | | ₩37,500,000 |
| 직접재료원가 | | | | | | |
| 기초재고 | ₩0 | | ₩1,500,000 | | ₩1,500,000 | |
| 당기투입 | 5,000,000 | | 4,000,000 | | 6,250,000 | |
| 기말재고 | 1,500,000 | 3,500,000 | 1,500,000 | 4,000,000 | 250,000 | 7,500,000 |
| 스루풋공헌 | | 14,000,000 | | 16,000,000 | | 30,000,000 |
| 기타원가 | | | | | | |
| 직접노무원가 | 1,000,000 | | 800,000 | | 1,250,000 | |
| 변동제조간접원가 | 3,000,000 | | 2,400,000 | | 3,750,000 | |
| 고정제조간접원가 | 4,000,000 | | 4,000,000 | | 4,000,000 | |
| 변동판관비 | 4,200,000 | | 4,800,000 | | 9,000,000 | |
| 고정판관비 | 1,400,000 | 13,600,000 | 1,400,000 | 13,400,000 | 1,400,000 | 19,400,000 |
| 영업이익 | | ₩1,600,000 | | ₩2,600,000 | | ₩10,600,000 |

3.

| | 1월 | 2월 | 3월 |
|---|---|---|---|
| 전부원가계산의 이익 | ₩2,800,000 | ₩2,900,000 | ₩8,260,000 |
| 기초재고의 고정제조간접원가(+) | 0 | 1,200,000 | 1,500,000 |
| 기말재고의 고정제조간접원가(−) | 1,200,000 | 1,500,000 | 160,000 |
| 변동원가계산의 이익 | ₩1,600,000 | ₩2,600,000 | ₩9,600,000 |
| 기초재고의 직접노무원가와 변동제조간접원가(+) | 0 | 1,200,000 | 1,200,000 |
| 기말재고의 직접노무원가와 변동제조간접원가(−) | 1,200,000 | 1,200,000 | 200,000 |
| 스루풋원가계산의 이익 | ₩400,000 | ₩2,600,000 | ₩10,600,000 |

## [10-13]

※ 주어진 자료의 분석

1) 단위당 고정제조간접원가 = ₩100,000/2,000 = ₩50/단위당

2) 전부원가계산에 의한 단위당 제조원가

| | 20×4년 | 20×5년 |
|---|---|---|
| 단위당 변동직접제조원가 | ₩400 | ₩400 |
| 단위당 변동제조간접원가 | 150 | 150 |
| 단위당 고정제조간접원가 | 50 | 50 |

| | | |
|---|---|---|
| 단위당 제조원가 | ₩600 | ₩600 |

3) 변동원가계산에 의한 단위당 제조원가

| | 20×4년 | 20×5년 |
|---|---|---|
| 단위당 변동직접제조원가 | ₩400 | ₩400 |
| 단위당 변동제조간접원가 | 150 | 150 |
| 단위당 제조원가 | ₩550 | ₩550 |

4) 스루풋원가계산에 의한 단위당 변동재료원가

| | 20×4년 | 20×5년 |
|---|---|---|
| 단위당 변동 직접재료원가 | ₩230 | ₩230 |

5) 물량의 흐름

| | 20×4년 | 20×5년 |
|---|---|---|
| 기초재고 | 900 | 1,400 |
| 생산 | 2,000 | 400 |
| 판매가능량 | 2,900 | 1,800 |
| 판매량 | 1,500 | 1,700 |
| 기말재고 | 1,400 | 100 |

**1.** 전부원가계산에 의한 손익계산서

| | 20×4년 | 20×5년 |
|---|---|---|
| 매출액 | ₩1,500,000 | ₩1,700,000 |
| 매출원가 | | |
| 기초재고(₩600×900; 1,400) | 540,000 | 840,000 |
| 변동제조원가(₩550×2,000; 400) | 1,100,000 | 220,000 |
| 고정제조원가(₩50×2,000; 400) | 100,000 | 20,000 |
| 판매가능원가 | ₩1,740,000 | ₩1,080,000 |
| 기말재고(₩600×1,400 ; 100) | 840,000 | 60,000 |
| 표준매출원가 | ₩900,000 | ₩1,020,000 |
| 변동제조원가차이 | 10,000(U) | 10,000(U) |
| 고정제조원가차이 | 0 | 80,000(U)* |
| 총매출원가 | ₩910,000 | ₩1,110,000 |
| 매출총이익 | ₩590,000 | ₩590,000 |
| 판매비 | | |
| 변동원가(₩10×1,500; 1,700) | 15,000 | 17,000 |
| 고정원가 | 30,000 | 30,000 |

| | | |
|---|---|---|
| 총판매비 | ₩45,000 | ₩47,000 |
| 영업이익 | ₩545,000 | ₩543,000 |

* (2,000 − 400) × 50 = ₩80,000

2. 변동원가계산에 의한 손익계산서

| | 20×4년 | 20×5년 |
|---|---|---|
| 매출액 | ₩1,500,000 | ₩1,700,000 |
| 변동원가 | | |
| 기초재고(₩550×900; 1,400) | 495,000 | 770,000 |
| 변동제조원가(₩550×2,000; 400) | 1,100,000 | 220,000 |
| 판매가능원가 | ₩1,595,000 | ₩990,000 |
| 기말재고(₩550×1,400; 100) | 770,000 | 55,000 |
| 변동제조원가 | ₩825,000 | ₩935,000 |
| 변동판매비(₩10×1,500; 1,700) | 15,000 | 17,000 |
| 표준변동매출원가 | ₩840,000 | ₩952,000 |
| 변동제조원가차이 | 10,000(U) | 10,000(U) |
| 총매출원가 | ₩850,000 | ₩962,000 |
| 공헌이익 | ₩650,000 | ₩738,000 |
| 고정원가 | | |
| 제조원가 | 100,000 | 100,000 |
| 고정원가 | 30,000 | 30,000 |
| 총판매비 | ₩130,000 | ₩130,000 |
| 영업이익 | ₩520,000 | ₩608,000 |

3. 스루풋원가계산에 의한 손익계산서

| | 20×4년 | 20×5년 |
|---|---|---|
| 매출액 | ₩1,500,000 | ₩1,700,000 |
| 변동직접재료원가 | | |
| 기초재고(₩230×900; 1,400) | 207,000 | 322,000 |
| 변동제조원가(₩230×2,000; 400) | 460,000 | 92,000 |
| 판매가능원가 | ₩667,000 | ₩414,000 |
| 기말재고(₩230×1,400; 100) | 322,000 | 23,000 |
| 표준직접재료원가 | ₩345,000 | ₩391,000 |
| 스루풋공헌이익 | ₩1,155,000 | ₩1,309,000 |
| 기타원가 | | |
| 제조원가[1] | 740,000 | 228,000 |
| 판매비[2] | 45,000 | 47,000 |
| 변동제조원가 차이 | 10,000(U) | 10,000(U) |

| | | |
|---|---|---|
| 총기타원가 | ₩795,000 | ₩285,000 |
| 영업이익 | ₩360,000 | ₩1,024,000 |

1. ₩320×2,000+₩100,000 ; ₩320×400+₩100,000
2. ₩10×1,500+₩30,000 ; ₩10×1,700+₩30,000

## [10–14]

1. 변동원가계산 손익계산서

| | | | |
|---|---|---|---|
| 매출액 ₩150×10,000 | | | ₩1,500,000 |
| 변동원가 | | | |
| 변동매출원가 | | | |
| 기초재고 | 3,000×₩80 | ₩240,000 | |
| 당기제조 | 12,000×₩80 | 960,000 | |
| 기말재고 | 5,000×₩80 | 400,000 | |
| | | ₩800,000 | |
| 변동판매비와 관리비 | 10,000×₩10 | 100,000 | 900,000 |
| 공헌이익 | | | ₩600,000 |
| 고정원가 | | | |
| 고정제조간접원가 | | ₩450,000 | |
| 공정판매비와 관리비 | | 200,000 | 650,000 |
| 영업이익 | | | (₩50,000) |

2. 전부원가계산 손익계산서

고정제조간접원가 예정배부율 $= \dfrac{₩450,000}{15,000} = ₩30$

| | | | |
|---|---|---|---|
| 매출액 ₩150×10,000 | | | ₩1,500,000 |
| 매출원가 | | | |
| 기초재고 | 3,000×₩110 | ₩330,000 | |
| 당기제조 | 12,000×₩110 | 1,320,000 | |
| 기말재고 | 5,000×₩110 | 550,000 | |
| 조정전 매출원가 | | ₩1,100,000 | |
| 가산 : 과소배부 | 3,000×₩30 | 90,000 | 1,190,000 |
| 매출총이익 | | | ₩310,000 |
| 판매비와 관리비 | | | |
| 변동비 | 10,000×₩10 | ₩100,000 | |
| 고정비 | | 200,000 | 300,000 |
| 영업이익 | | | ₩10,000 |

3. 순이익 차이조정

|  | | |
|---|---|---|
| 변동원가계산 순이익 | (₩50,000) | |
| 차감 : 기초재공품에 포함된 고정제조간접원가 | (₩90,000) | 3,000×₩30 |
| 가산 : 기말재공품에 포함된 고정제조간접원가 | ₩150,000 | 5,000×₩30 |
| 전부원가계산 순이익 | ₩10,000 | |

[10-15]

20×7년 생산량＝기초재공품＋당기착수량－기말재공품

＝2,000단위＋20,000단위－3,000단위＝19,000단위

20×7년 판매량＝기초제품＋당기생산량－기말제품

＝2,500단위＋19,000단위－1,500단위＝20,000단위

가공원가 완성품 환산량＝기초재공품 추가가공＋당기착수완성량＋기말재공품환산량

＝2,000×0.4＋17,000＋3,000×0.4＝19,000단위

고정제조간접원가 발생액＝가공원가 완성품환산량×단위당 고정제조간접원가

＝19,000단위×₩150＝₩2,850,000

1. 전부원가계산에 의한 손익계산서

| | | | |
|---|---|---|---|
| 매 출 액 | 20,000×₩1,500 | | ₩30,000,000 |
| 매출원가 | 20,000×₩750 | | 15,000,000 |
| 매출총이익 | | | ₩15,000,000 |
| 판매관리비 | | | |
| 변동판매관리비 | 20,000×₩110 | ₩2,000,000 | |
| 고정판매관리비 | | 2,500,000 | 4,500,000 |
| 순 이 익 | | | ₩10,500,000 |

2. 변동원가계산에 의한 손익계산서

| | | | |
|---|---|---|---|
| 매 출 액 | 20,000×₩1,500 | | ₩30,000,000 |
| 변동원가 | | | |
| 변동매출원가 | 20,000×₩600 | ₩12,000,000 | |
| 변동판매관리비 | 20,000×₩100 | 2,000,000 | 14,000,000 |
| 공헌이익 | | | ₩16,000,000 |
| 고정원가 | | | |
| 고정제조간접원가 | | ₩2,850,000 | |
| 고정판매관리비 | | 2,500,000 | 5,350,000 |
| 순 이 익 | | | ₩10,650,000 |

**3.** 초변동원가계산에 의한 손익계산서

| | | | |
|---|---|---|---|
| 매 출 액 | 20,000×₩1,500 | | ₩30,000,000 |
| 직접재료 | 20,000×₩300 | | 6,000,000 |
| 스루풋 공헌이익 | | | ₩24,000,000 |
| 운영비용 | | | |
| 직접노무원가 | 19,000×₩100 | ₩1,900,000 | |
| 변동제조간접원가 | 19,000×₩200 | 3,800,000 | |
| 고정제조간접원가 | 19,000×₩150 | ₩2,850,000 | |
| 변동판매관리비 | 20,000×₩100 | ₩2,000,000 | |
| 고정판매관리비 | | 2,500,000 | 13,050,000 |
| 순 이 익 | | | ₩10,950,000 |

**4.** 각 방법에 의한 순이익 차이조정

| | | | |
|---|---|---|---|
| 전부원가계산 순이익 | | | ₩10,500,000 |
| +) 기초재고에 포함된 고정제조간접원가 | | | |
| 기초재공품 | 2,000×0.6×₩150 | ₩180,000 | |
| 기초제품 | 2,500×₩150 | 375,000 | 555,000 |
| −) 기말재고에 포함된 고정제조간접원가 | | | |
| 기말재공품 | 3,000×0.4×₩150 | ₩180,000 | |
| 기말제품 | 1,500×₩150 | 225,000 | (405,000) |
| 변동원가계산 순이익 | | | ₩10,650,000 |
| +) 기초재고에 포함된 직접노무원가와 변동제조간접원가 | | | |
| 기초재공품 | 2,000×0.6×(₩100+₩200) | ₩360,000 | |
| 기초제품 | 2,500×(₩100+₩200) | 750,000 | 1,110,000 |
| −) 기말재고에 포함된 직접노무원가와 변동제조간접원가 | | | |
| 기말재공품 | 3,000×0.4×(₩100+₩200) | ₩360,000 | |
| 기말제품 | 1,500×(₩100+₩200) | 450,000 | (810,000) |
| 순 이 익 | | | ₩10,950,000 |

# 제11장 표준원가계산



## 객관식

**[11-1]** ③

정상적인 원가차이는 금액이 중요하지 아니하면 매출원가에서 가감하며, 금액이 중요하면 매출원가, 기말제품재고, 기말재공품재고에 안분하여야 한다. 따라서 중요한 경우에는 매출원가에도 배부하므로 기말재고에 배부한다는 설명은 잘못된 것이다.

**[11-2]** ②

나. ~실제생산량에 허용된 표준수량이다.

**[11-3]** ④

~능률차이가 존재하지 않는다.

**[11-4]** ①

ㄱ. ~ 원가절감을 유도할 수 있다.

ㄴ. 표준에서 크게 벗어나는 차이에 대해 특별히 관심을 가지고 관리(예외관리)

**[11-5]** ①

K-IFRS 제1002호 재고자산 문단 21

"표준원가법 등의 원가측정방법은 그러한 방법으로 평가한 결과가 실제 원가와 유사한 경우에 편의상 사용할 수 있다."

**[11-6]** ③

| 실제 | AQ×SP | 표준 |
|---|---|---|
| ₩6,300,000 | ₩6,904,000 | ₩6,249,000 |

소비차이 ₩604,000(F)　　능률차이 ₩655,000(U)

[11-7] ①

| 실제 | AQ×SP | 표준 |
|---|---|---|
| ₩580,000 | ₩500,000 | 500개×1.2시간×₩1,000* |

예산차이 ₩80,000(U)　　조업도차이 ₩100,000(F)

* ₩500,000÷500시간=₩1,000

[11-8] ④

| 실제 | AQ×SP | 표준 |
|---|---|---|
| ₩4,000,000 | ₩5,200,000 | 2,000개×24시간×SP |

임률차이 ₩1,200,000(F)　　능률차이 ₩400,000(U)

※ SP=₩100　AQ=52,000시간

[11-9] ①

| 실제 | AQ×SP | 표준 |
|---|---|---|
| 7,520×9,500<br>=₩71,440,000 | 7,520*×₩10,000<br>=₩75,200,000 | 8,000×₩10,000<br>=₩80,000,000 |

임률차이 ₩3,760,000(F)　　능률차이 ₩4,800,000(F)

* AQ×₩10,000=₩75,200,000　따라서 AQ=7,520

[11-10] ④

| 실제 | AQ×SP | 표준 |
|---|---|---|
| ₩35,000 | 1,250kg*×₩30<br>=₩37,500 | 50개×20kg×₩30<br>=₩30,000 |

가격차이 ₩2,500(F)　　수량차이 ₩7,500(U)

* 실제수량=₩35,000÷28=1,250Kg

**[11-11]** ⑤

변동제조간접원가 차이분석

| 실제 | AQ×SP | 표준 |
|---|---|---|
| ₩5,000,000 | 51,000시간×₩100<br>=₩5,100,000 | 10,000개×5시간×₩100<br>=₩5,000,000 |
| | 소비차이<br>₩100,000(F) | 능률차이<br>₩100,000(U) |

고정제조간접원가 차이분석

| 실제 | 예산 | 표준 |
|---|---|---|
| ₩2,000,000 | ₩1,800,000 | 10,000개×₩1,800,000/5,000개<br>=₩3,600,000 |
| | 예산차이<br>₩200,000(U) | 조업도차이<br>₩1,800,000(F) |

**[11-12]** ①

제조간접원가의 능률차이는 변동제조간접원가에서만 발생함

| 실제 | AQ×SP | 표준 |
|---|---|---|
| | 30,000시간×₩100*<br>=₩3,000,000 | 8,000개×5시간×₩100<br>=₩4,000,000 |
| | | 능률차이<br>₩1,000,000(F) |

* SP : ₩5,000,000/(10,000개×5시간)=₩100

**[11-13]** ①

고정제조간접원가의 SP : ₩120,000 : 25,000시간=₩4.8

| 실제 | 예산 | 표준 |
|---|---|---|
| ₩124,700 | 25,000시간×₩4.8<br>=₩120,000 | 12,200개×2시간×₩4.8<br>=₩117,120 |
| | 예산차이<br>₩4,700(U) | 조업도차이<br>₩2,880(U) |

**[11-14]** ①

| 실 제 | AQ×SP | 표 준 |
|---|---|---|
| 3,200kg×₩11<br>=₩35,200 | 3,200kg×₩14<br>=₩44,800 | 3,000kg×₩14<br>=₩42,000 |

가격차이 9,600(F) 수량차이 2,800(U)

- 표준재료원가 : ₩35,200+₩9,600−₩2,800=₩42,000
- 표준단가(SP) : (₩35,200+₩9,600)/3,200kg=₩14
- 표준수량(SQ) : ₩42,000/₩14/2,000개=1.5kg

**[11-15]** ②

| AQ×SP | SQ×SP |
|---|---|
| 10,500×₩3<br>₩31,500 | 5,000×2시간×₩3<br>₩30,000 |

능률차이 ₩1,500(U)

## 주관식

**[11-1]**

- 구매시점

1.

| 실제원가 | 실제량에 의한 표준원가 |
|---|---|
| 실제구매량×실제가격 | 실제구매량×가격표준 |
| 16,000kg×₩27.5=₩440,000 | 16,000kg×₩27=₩432,000 |

가격차이 ₩8,000(U)

| | 실제생산량에 허용된 표준원가 |
|---|---|
| 실제투입량×가격표준 | 표준허용수량×가격표준 |
| 12,000×₩27=₩324,000 | 5,000×2×₩27=₩270,000 |

수량차이 ₩54,000(U)

2.

| 실제원가 | 실제투입량에 의한 표준원가 | 실제생산량에 허용된 표준원가 |
|---|---|---|
| 실제투입량×실제가격 | 실제투입량×실제가격 | 표준허용수량×가격표준 |
| 16,000×₩2.5=₩40,000 | 16,000×₩2.6=₩41,600 | 5,000×3×₩2.6=₩39,000 |

임률차이 ₩1,600(F) | 능률차이 ₩2,600(U)

3.

| 실제원가 | 실제투입량에 의한 표준원가 | 실제생산량에 허용된 표준원가 |
|---|---|---|
| ₩28,000 | 16,000×₩2.2=₩35,200 | 5,000×3×₩2.2=₩33,000 |

소비차이 ₩7,200(F) | 능률차이 ₩2,200(U)

4.

| 실제원가 | 고정제조간접원가 예산 | 표준배부액 |
|---|---|---|
| ₩80,000 | 18,000×₩5.0=₩90,000 | 5,000×3×₩5.0=₩75,000 |

예산차이 ₩10,000(F) | 조업도차이 ₩15,000(U)

## [11-2]

기말제품에는 차이안분 전까지 표준원가로 계상되어 있음

기말제품수량 : 0+450−400=50

기말제품의 표준재료원가 : (50×2)×SP=₩500 ∴ SP=5

| AQp×AP | AQp×SP | AQ×SP | SQ×SP |
|---|---|---|---|
| 1,000×6.5 =6,500 | 1,000×5 =5,000 | 960×5 =4,800 | (450×2)×5 =4,500 |

가격차이 ₩1,500(U)     수량차이 ₩300(U)

## [11-3]

| 실제 | AQ×SP | 표준 |
|---|---|---|
| ₩5,200,000 | AQ×₩100* =₩5,350,000 | 2,000개×25시간×₩100* =₩5,000,000 |

임률차이 ₩150,000(F)     수량차이 ₩350,000(U)

* 2,000개×25시간×SP=₩500,000
SP=₩100

따라서 AQ=53,500시간

**[11-4]**

| (AQ×AP) | (AQ×SP) | (SQ×SP) |
|---|---|---|
| ₩2,000,000 | 따라서<br>₩2,200,000 | 1,000단위×12시간×($x$)<br>=₩2,640,000 |
| 임률차이 ₩200,000(F) | | 능률차이 ₩440,000(F) |

따라서 표준임률($x$)=₩220

**[11-5]**

변동제조간접원가

| 실제 | AQ×SP | 표준 |
|---|---|---|
| | 800시간×₩6,000<br>=₩4,800,000 | 750시간×₩6,000<br>=₩4,500,000 |
| 소비차이 | | 능률차이<br>₩300,000(U) |

SP=₩6,000,000/1,000시간=₩6,000

따라서 투입시간은 750시간

고정제조간접원가

| 실제 | 예산 | 표준 |
|---|---|---|
| | 1,000시간×₩8,000<br>=₩8,000,000 | 750시간×₩8,000<br>=₩6,000,000 |
| | | 조업도차이<br>₩2,000,000(U) |

**[11-6]**

| 실제 | AQ×SP | 표준 |
|---|---|---|
| ₩1,400,000 | 20,000kg×₩64<br>=₩1,280,000 | 1,000개×21kg×₩64<br>=₩1,344,000 |
| 가격차이<br>₩120,000(U) | | 수량차이<br>₩64,000(F) |

(AQ−1,000개×₩21)×₩64=₩64,000(F) 따라서 AQ=20,000kg

### [11-7]

고정제조간접비 표준배부율 : ₩7.5－₩2.5＝₩5

| 예산 | 배부 |
|---|---|
| ₩550,000 | ₩600,000＝120,000×₩5 |
| ₩50,000 유리 | |

### [11-8]

고정제조간접원가배부율＝₩54,000/12,000시간＝₩4.5

| 고정제조간접원가 예산 | 표준원가 |
|---|---|
| ₩54,000 | ₩67,500＝15,000×₩4.5 |
| ₩13,500 유리 | |

### [11-9]

실제직접노무시간＝$x$, 실제생산량＝$y$

| 실제 | AQ×SP | 표준<br>표준허용수량×표준배부율 |
|---|---|---|
| ₩20,000 | $x$×3 | $y$×4×3 |
| 소비(예산)차이 4,000(F) | 능률차이 6,000(F) | |

- 실제직접노무시간($x$) : ₩20,000－$x$×₩3＝－4,000　　따라서 $x$＝8,000시간
- 실제생산량($y$) : 8,000시간×3－$y$×4×₩3＝－6,000　　따라서 $y$＝2,500개

### [11-10]

| | 예산 | 배부 |
|---|---|---|
| 기준조업도 12,000개 | 12,000×₩3＝₩36,000 | 11,000×₩3＝₩33,000 |
| | ₩3,000 불리 | |
| 정상조업도 ? | 10,000×₩3.6＝₩36,000 | 11,000×₩3.6＝₩39,600 |
| | ₩3,600 유리 | |

### [11-11]

예산차이＝실제 고정원가－20,000시간×고정원가 표준배부율＝₩30,000 → ①식

조업도차이＝(20,000시간－23,000시간*)×고정원가 표준배부율＝－₩27,000 → ②식

* 배부액＝표준허용시간×변동원가 표준배부율
138,000＝표준허용시간×₩6
∴ 표준허용시간＝23,000시간

②식에서 고정원가 표준배부율＝₩9

따라서, ①식에서

예산차이＝실제 고정원가－₩20,000×9＝₩30,000

∴ 실제 고정원가＝₩210,000

## [11-12]

| 실제 | AQ×SP | 표준 |
|---|---|---|
| ₩28,000 | ₩24,000 | Q단위×9개×SP<br>＝₩27,000 |
| 가격차이 ₩4,000(U) | 수량차이 ₩3,000(F) | |

AQ×₩35＝₩28,000　따라서 AQ＝800

800개×SP＝₩24,000　따라서 SP＝₩30

따라서

Q단위×9개×₩30＝₩27,000

Q단위＝100단위

## [11-13]

시간표준 : 6,000시간/1,200단위＝5시간

고정제조간접원가 표준배부율 : ₩9,000/6,000시간＝₩1.5

| 실제 | 예산 | 표준 |
|---|---|---|
| ₩9,400 | ₩9,000 | 1,300단위×5시간×₩1.5<br>＝₩9,750 |
| | 조업도차이 ₩750(F) | |

## [11-14]

| AQ×SP | total AQ×BM×SP | SQ×SP |
|---|---|---|
| 20,000kg×₩50<br>＋Q×₩20 | (20,000＋Q)×3/5×₩50<br>＋(20,000＋Q)×2/5×₩20 | 6,000개×3kg×₩50<br>＋6,000개×2kg×₩20<br>＝₩1,140,000 |
| 배합차이 ₩42,000(불리) | 수율차이 ₩38,000(불리) | |

따라서, 20,000kg×₩50＋Q×₩20＝₩1,140,000＋₩42,000＋₩38,000이므로 원재료 Y의 실제투입량인 Q는 11,000kg이다.

[11-15]

1. 직접노무원가의 임률차이와 능률차이

| | 실제시간×실제임률 | 실제시간×표준임률 | 표준허용시간×표준임률 |
|---|---|---|---|
| 1급 | 11,000×110=1,210,000 | 11,000×100=1,100,000 | 5,000×2×100=1,000,000 |
| 2급 | 18,000× 75=1,350,000 | 18,000× 80=1,440,000 | 5,000×3× 80=1,200,000 |
| 3급 | 20,000× 60=1,200,000 | 20,000× 50=1,000,000 | 5,000×5× 50=1,250,000 |
| 합계 | ₩3,760,000 | ₩3,540,000 | ₩3,450,000 |

| 임률차이 ₩220,000(U) | 능률차이 ₩90,000(U) |
|---|---|

2. 직접노무원가의 배합차이와 수율차이

| | 실제시간×표준임률 | 실제시간×표준배합×표준임률 | 표준허용시간×표준임률 |
|---|---|---|---|
| 1급 | 11,000×100=1,100,000 | 49,000×0.2×100= 980,000 | 5,000×2×100=1,000,000 |
| 2급 | 18,000× 80=1,440,000 | 49,000×0.3× 80=1,176,000 | 5,000×3× 80=1,200,000 |
| 3급 | 20,000× 50=1,000,000 | 49,000×0.5× 50=1,225,000 | 5,000×5 ×50=1,250,000 |
| 합계 | ₩3,540,000 | ₩3,381,000 | ₩3,450,000 |

| 배합차이 ₩159,000(U) | 능률차이 ₩69,000(F) |
|---|---|

## 주관식

### [12-1]

1. 분개

(1) 원재료 구입시점

| 원재료 | ₩800,000 | / | 매입채무 | ₩800,000 |
|---|---|---|---|---|

(2) 원재료 사용시점

| 재공품 | ₩520,000 | / | 원재료 | ₩520,000 |
|---|---|---|---|---|

(3) 직접노무원가 발생시점

| 재공품 | ₩160,000 | / | 미지급비용 | ₩160,000 |
|---|---|---|---|---|

(4) 제조간접원가 발생시점

| 제조간접원가 | ₩256,000 | / | 제좌 | ₩256,000 |
|---|---|---|---|---|

(5) 제조간접원가 배부시점

| 재공품 | ₩256,000 | / | 배부제조간접원가 | ₩256,000 |
|---|---|---|---|---|

(6) 완성품 대체시

| 제품 | ₩936,000 | / | 재공품 | ₩936,000 |
|---|---|---|---|---|

(7) 매출원가 대체시

| 매출원가 | ₩700,000 | / | 제품 | ₩700,000 |
|---|---|---|---|---|

2. 역류원가계산

(1) 원재료 구입시점

| 재공원료 | ₩800,000 | / | 매입채무 | ₩800,000 |
|---|---|---|---|---|

(2) 원재료 사용시점 – 분개없음

(3) 직접노무원가 및 제조간접원가 발생시점

| 가공원가 | ₩416,000 | / | 미지급비용 | ₩160,000 |
|---|---|---|---|---|
| | | | 제좌 | 256,000 |

(4) 제품의 완성시점

| 제품 | ₩936,000 | / | 재공원료 | ₩520,000 |
|---|---|---|---|---|
| | | | 배부가공원가 | 416,000 |

(5) 제품의 판매시점

| | | | | |
|---|---|---|---|---|
| 매출원가 | ₩700,000 | / | 제품 | ₩700,000 |

**[12-2]**

(1) 원재료구입시점

| | | | | |
|---|---|---|---|---|
| 재공원료 | ₩38,000 | / | 매입채무 | ₩38,000 |

(2) 실제가공원가 발생시점

| | | | | |
|---|---|---|---|---|
| 가공원가 | ₩8,100 | / | 제좌 | ₩8,100 |

(3) 제품의 완성시점

| | | | | |
|---|---|---|---|---|
| 제품 | ₩18,200 | / | 재공원료 | ₩10,400 |
| | | | 배부가공원가 | 7,800 |

(4) 제품의 판매시점

| | | | | |
|---|---|---|---|---|
| 매출원가 | ₩16,000 | / | 제품 | ₩16,000 |

**[12-3]**

1.

| | | | |
|---|---|---|---|
| 재공원료 | ₩4,800,000 | 현금등 | ₩4,800,000 |
| 가공원가 | 5,050,000 | 현금등 | 5,050,000 |
| 제　　품 | 9,000,000 | 재공원료 | 4,000,000 |
| | | 가공원가 | 5,000,000 |

* ₩ 8 × 500,000 = ₩4,000,000
₩10 × 500,000 = ₩5,000,000

| | | | |
|---|---|---|---|
| 매출원가 | ₩8,100,000 | 제　품 | ₩8,100,000 |
| 매출원가 | 50,000 | 가공원가 | 50,000 |

2. 매출원가 ₩8,150,000

재고자산기말재고 – 재공원료 : ₩800,000
제　　품 : ₩900,000

**[12-4]**

1. 정상원가계산하에서의 분개

| | | | | |
|---|---|---|---|---|
| 1) 원재료의 구입 | 차) 원재료 | ₩750,000 | 대) 매입채무 | ₩750,000 |
| 2) 원재료의 사용 | 차) 재공품 | 720,000 | 대) 원재료 | 720,000 |
| 3) 가공원가의 발생 | 차) 가공원가 | 450,000 | 대) 제좌 | 450,000 |
| 4) 가공원가의 배부 | 차) 재공품 | 480,000 | 대) 가공원가 | 480,000 |
| 5) 제품의 완성 | 차) 제품 | 1,200,000 | 대) 재공품 | 1,200,000 |

| | | | | | |
|---|---|---|---|---|---|
| 6) 제품의 판매 | 차) 매출원가 | 1,080,000 | 대) 제품 | 1,080,000 |
| 7) 가공원가의 조정 | 차) 가공원가 | 30,000 | 대) 매출원가 | 30,000 |

2. 역류원가계산

| | | | | |
|---|---|---|---|---|
| 1) 원재료의 구입 | 차) 원재료 | ₩750,000 | 대) 매입채무 | ₩750,000 |
| 2) 원재료의 사용 | 분개없음 | | | |
| 3) 가공원가의 발생 | 차) 가공원가 | 450,000 | 대) 제좌 | 450,000 |
| 4) 가공원가의 배부 | 분개없음 | | | |
| 5) 제품의 완성 | 분개없음 | | | |
| 6) 제품의 판매 | 차) 매출원가 | 1,080,000 | 대) 원재료 | 648,000 |
| | | | 가공원가 | 432,000 |
| 7) 가공원가의 조정 | 차) 가공원가 | 48,000 | 대) 매출원가 | 48,000 |

3. 재고자산의 비교

| | 정상원가계산 | 역류원가계산 |
|---|---|---|
| 원재료 | ₩30,000 | ₩102,000 |
| 제품재고 | 120,000 | – |
| 합　계 | ₩150,000 | ₩102,000 |

## [12-5]

1. ₩450,000 − 400,000 × $x$ = ₩58,000

∴ $x = 98\%$

2. ① ₩450,000　② ₩686,000
③ ₩14,000　④ ₩36,000
⑤ ₩36,000　⑥ ₩100,000
⑦ ₩94,000

3. 전통적 원가계산의 유발시점은 재공품이며 역류원가계산의 유발시점은 제품이기 때문에 기말재공품에 포함된 가공원가 ₩6,000(300,000×2%)만큼이 차이가 난다.

## [12-6]

1. 제품의 완성시점에서만 거래인식하는 경우

| | | | | |
|---|---|---|---|---|
| 제　품 | 8,820,000 | / | 외상매입금 | 5,040,000 |
| | | | 가공원가 | 3,780,000 |

2. 이상적인 적시생산방식하의 분개=재공품재고가 없는 경우.

| | | | | | |
|---|---|---|---|---|---|
| (1) 원재료구입시 : | 원재료 | 5,040,000 | / | 외상매입금 | 5,040,000 |
| (2) 가공원가발생시 : | 가공원가 | 3,542,000 | / | 제좌 | 3,542,000 |
| (3) 제품완성시 : | 제품 | 8,820,000 | / | 원재료 | 5,040,000 |
| | | | | 가공원가 | 3,780,000 |
| (4) 제품판매시 : | 매출원가 | 8,820,000 | / | 제품 | 8,820,000 |

3. 생산전과정에서 불필요한 재고의 보유를 제거하여 낭비를 줄일 수 있다.

## [12-7]

1. 필요한 분개

| | | | | |
|---|---|---|---|---|
| 1) 재공자원 | 12,320,000 | / | 외상매입금 | 12,320,000 |
| 2) 가공원가 | 5,908,000 | / | 제좌 | 5,908,000 |
| 3) 제품 | 17,500,000 | / | 재공자원 | 11,900,000 |
| | | | 가공원가 | 5,600,000 |
| 4) 매출원가 | 16,660,000 | / | 제품 | 16,660,000 |

2. 완성시점에만 거래를 인식하는 경우

| | | | | |
|---|---|---|---|---|
| 제품 | 17,500,000 | / | 외상매입금 | 11,900,000 |
| | | | 가공원가 | 5,600,000 |

## [12-8]

1. 당월의 분개

| | | | | |
|---|---|---|---|---|
| 1) 재공자원 | 7,420,000,000 | / | 외상매입금 | 7,420,000,000 |
| 2) 가공원가 | 4,312,000,000 | / | 제좌 | 4,312,000,000 |
| 3) 제품 | 11,480,000,000 | / | 재공자원① | 7,280,000,000 |
| | | | 가공원가② | 4,200,000,000 |

① 280,000대×₩26,000

② 280,000대×₩15,000

| | | | | |
|---|---|---|---|---|
| 4) 매출원가③ | 11,020,800,000 | / | 제품 | 11,020,800,000 |

③ 268,800대×(₩26,000+₩15,000)

2. 두 번째 거래인식 시점이 판매시점인 경우

| | | | | |
|---|---|---|---|---|
| 1) 재공자원 | 7,420,000,000 | / | 외상매입금 | 7,420,000,000 |
| 2) 가공원가 | 4,312,000,000 | / | 제좌 | 4,312,000,000 |
| 3) 매출원가 | 11,020,800,000 | / | 재고자산④ | 6,988,800,000 |
| | | | 가공원가⑤ | 4,032,000,000 |

④ 268,800대 × ₩26,000

⑤ 268,800대 × ₩15,000

4) 매출원가⑥ 280,000,000 / 가공원가 280,000,000

⑥ ₩4,312,000,000 − ₩4,032,000,000

**3.** 거래인식 시점이 제품완성시점 하나인 경우

| 제품 | 11,480,000,000 | / | 외상매입금⑦ | 7,280,000,000 |
|---|---|---|---|---|
| | | | 가공원가⑧ | 4,200,000,000 |

⑦ 280,000대 × ₩26,000

⑧ 280,000대 × ₩15,000

## 공저자 약력


**김 재 열**

서강대학교 대학원 졸업(경영학 석사·박사)
현 건양대학교 경영학부 교수

〈주요 논문 및 저서〉
"과업상호의존성에 따른 비영리조직 부서관리자의 예산관련행동과 부서성과간의 관계"
"대학 교육서비스 품질측정과 학생인 고객만족도 제고에 관한 연구"
디지털시대의 경영관리기법

**김 달 곤**

서강대학교 대학원 졸업(경영학 석사·박사)
현 경상대학교 경영대학 교수

〈주요 논문 및 저서〉
"품질전략과 경영성과간의 관계에서 통제시스템의 매개효과"
"한·일기업의 예산 및 표준원가제도 운영실태 비교"

**김 봉 기**

서강대학교 대학원 졸업(경영학 석사·박사)
현 경인여자대학교 세무회계과 교수

〈주요 논문 및 저서〉
"신제품 개발전략과 성과평가유형이 신제품개발성과에 미치는 영향에 관한 연구"
"K연구원의 균형성과표 도입사례"

**정 순 여**

서강대학교 대학원 졸업(경영학 석사·박사)
현 제주대학교 회계학과 교수

〈주요 논문 및 저서〉
"품질비용 발생편차와 품질관리활동 그리고 성과간의 관계"
"성과주의 예산제도의 도입이 정부조직성과에 미치는 영향"

**이 창 대**

서강대학교 대학원 졸업(경영학 석사·박사)
현 목포대학교 경영학과 교수

〈주요 논문 및 저서〉
"성과평가 및 보상제도에서 비재무적 측정치의 활용에 관한 실증연구"
"금호타이어의 경영혁신활동－균형성과표와 6시그마를 중심으로"

**김 상 우**

서강대학교 대학원 경영학 박사
단국대학교 경영학부 외래교수
현 조세일보 재무교육원 원장

〈주요 논문 및 저서〉
"차별화 전략과 분권화 수준에 따른 성과측정지표의 활용도가 경영성과에 미치는 영향"
"AHP기법을 이용한 성과측정지표의 활용도에 대한 연구"

**박 경 원**

서강대학교 대학원 졸업(경영학 박사)
현 군산대학교 회계학과 부교수

〈주요 논문 및 저서〉
"경영전략, 성과측정시스템의 이용, 측정치의 다양성, 그리고 경영성과간의 관계"
"예산기반 보상에 있어서 예산목표와 변동성과급의 동기부여 효과"

**이 상 완**

서강대학교 대학원 졸업(경영학 박사)
현 동아대학교 경영학과 부교수

〈주요 논문 및 저서〉
"성과측정시스템의 이용과 조직성과간의 관계에서 성과측정지표의 다양성과 조직학습의 역할"
"공공기간의 BSC 운영기간과 조직성과간의 관계에서 PMS의 이용과 조직학습의 역할"

**송 현 경**

서강대학교 대학원 졸업(경영학 박사)
현 서강대학교 대우교수

〈주요 논문 및 저서〉
"제조부서의 관리회계시스템에 관한 연구: 상호의존성, 조직구조를 중심으로"
"최고경영자 교체에 따른 조직변화"

**신 성 호**

서강대학교 대학원 졸업(경영학 박사)
현 백석대학교 경상학부 조교수

〈주요 논문 및 저서〉
"경영전략과 예산시스템의 이용이 예산슬랙과 관리적 단기지향성에 미치는 영향"
"경영자의 단기지향성과 기업지배구조가 자본적 투자활동에 미치는 영향"

**이 다 솜**

서강대학교 대학원 졸업(경영학 박사)
현 강릉원주대학교 회계학과 조교수

〈주요 논문 및 저서〉
"조직정치가 성과측정지표의 다양성과 기업성과에 미치는 영향"
"The Role of Agility in the Relationship between Use of Management Control Systems and Organizational Performance: Evidence from Korea and Japan"



사용자 중심의

SMART 원가회계 [제 4 판 수정판] [해답집]

2025년 9월 1일 제4판 수정판 발행
2021년 1월 30일 제4판 발행
2018년 8월 20일 제3판 발행
2015년 3월 2일 제2판 발행
2012년 3월 10일 초 판 발행

저 자 서강관리회계연구회
발행인 이 구 만
발행처 유원북스 도서출판
121-130 서울특별시 마포구 토정로 198, 204호
전화 (02)593-1800 FAX (02)593-1801
등록 2011. 9. 6. 제25100-2012-3호
www.uwonbooks.com ywbooks@naver.com

정 가 8,000원 ISBN 979-11-6288-126-2